茂木弘道
史実を世界に発信する会

大東亜戦争 日本は「勝利の方程式」を持っていた！

実際的シミュレーションで証明する日本の必勝戦略

ハート出版

大東亜戦争　日本は「勝利の方程式」を持っていた！

はじめに

いま私が「大東亜戦争に勝てる戦略を日本が持っていた」などと言うと、何をバカ言ってんだ、また例のタラレバの話かい、と思う人が多いのではないでしょうか。そして、真珠湾攻撃で石油施設を破壊しておけばよかった、だとか、ミッドウェー作戦で敵空母発見のあと、兵装転換などせずに、山口多聞《たもん》第2航空戦隊長の具申どおり「直ちに発進」していたら魚雷でなくても十分戦えたし、あんな被害を受けないですんだとか言いたいのかい、と思われる方も多いかもしれません。

確かに、真珠湾で第3次攻撃を行い、敵の石油施設を破壊していたら、ハワイのアメリカ海軍は数カ月間は機能不全、とても日本に対する攻撃などすることができなかったでしょう。ミッドウェーでも、もし山口多聞少将の具申を南雲《なぐも》司令官が採用して、直ちに発艦して来襲する米航空隊に立ち向かっていたら、日本の空母4隻が撃沈されるなどということは起こらなかったでしょう。

ほかにも、こうしたタラレバの話はたくさんあります。

昭和17年8月7日、ガダルカナルに海軍が最新鋭の航空基地を完成したその瞬間を狙って、アメリカ第1海兵師団が強襲上陸して、これを奪ってしまいました。まず、なんで防御部隊をつけていなかったのだと言いたくなります。また、なんであんな、攻勢終末点をはるかに越えるようなところに、拠点基地を作らなければいけなかったのだ、とも言いたくなります。

そして、この来襲米軍に対する反撃作戦として行われたのが8月7日、三川軍一《みかわぐんいち》司令官指揮する第8艦隊による、敵輸送船団のガダルカナルへの物資補給阻止のための、第1次ソロモン作戦でした。日本軍は輸送船団を護衛する米艦隊と激戦を交え、敵主力の重巡を4隻撃沈、1隻撃破、味方は損害ほとんどなしの大戦果を挙げたのですが、何を血迷ったのか、本来の目的である敵輸送船攻撃を行わずに引き揚げたため、アメリカ軍はたっぷりと必要な武器弾薬、食料をガダルカナルに陸揚げしたのでした。私が本気でタラレバを言いたくなるのは、このときの三川司令官のとんでもない判断ですね。

あるいは、昭和19年10月13日のレイテ島決戦もその一つです。小沢司令官が空母部隊を囮《おとり》にしてレイテ付近の敵航空部隊をつり出すことに成功しました。栗田中将率いる第1遊撃部隊は、戦艦武蔵は失いますが、戦艦大和は辛くも敵の攻撃をしのぎ、戦艦4、重巡2、軽巡2、駆逐艦8とともにレイテ湾の入り口に達しました。湾の奥にはマッカーサー軍の大輸送船団がいました。しかも、その護衛戦力はスプレイグの護衛空母軍と駆逐艦隊のみでした。護衛空母の搭載機は戦闘機が主体で、戦艦に立ち向かう力はありません。

つまり、レイテ湾に結集したアメリカ軍上陸部隊と物資輸送船を壊滅させる絶好の機会でした。アメリカ軍が壊滅した際には、マッカーサーも無事ではいなかったでしょう。しかし、この好機に栗田艦隊は突入をためらい、謎の反転をしてしまいます。どうして突っ込まなかったのだ、と誰でも机を叩きたくなります。

こういう例は、探せばいくらでもあります。しかし、いくらこれらのタラレバを重ねていって、すべてが日本の勝利に終わったとしても、日本の最終的勝利の可能性はほとんどない、と私は思っています。

それはそうでしょう。GNPで言えば、少なくとも当時、日本の10倍はあるアメリカです。長期戦になったら、この生産力、経済力の差が効いてきます。局部的にいくら目覚ましい戦果を挙げても、日本軍が実際に戦っていた前方決戦的なあのやり方では、とても「勝つ」などという見込みが出てくるとは思えません。

ではなぜ、冒頭で言ったような「勝てる戦略があった」などと言うのか？　いい加減なことを言うな！　と詰問されるでしょう。

お答えします。私は、「勝てる戦略を日本は持っていた」と言っているのです。

要《かなめ》は「戦略」です。経済力こそが、近代戦においては戦力の根本であり、抗戦力は基本的にはこれが決定します。しかし、考えてみてください。1国対1国の戦いでしたら、この、抗戦力が圧倒的に不利な状況を覆すというのは極めて難しいことでしょう。しかし、世界中の国がかかわる戦争となると、単純に戦力を比較しただけでは、その勝敗を判定することはできないのです。このとき、戦力を戦力たらしめるための、多国間の「輸送」の問題が、大きな要素として浮かび上がってきます。要するに、相手側の戦力が戦力になるのを防ぐ、「輸送線」「補給線」の遮断です。

結局のところ、敵の重要な輸送線＝補給線の遮断を最大限に織り込んだ戦略のみが、日本が勝てる戦略ということになると考えます。そして、実は、その戦略が日本にはあったのです。それは天才戦略家の、たとえば石原莞爾《いしわらかんじ》がひそかに考えていたとかいうことではなく、驚くなかれ、開戦直前の昭和16年（１９４１年）11月15日の大本営政府連絡会議で正式に採択されていたのです。「対米英蘭蒋戦争終末促進に関する腹案」がそれです。

この「腹案」は現在の戦史では軽く見られ、そこに途方もなく巨大な戦略が秘められていたということは、すっかり忘れられていますが、私はここで、その秘められた戦略を明らかにしようとしているのです。

この戦略に沿った戦いをしていけば、日本は少なくとも負けることはなかったと言えます。本来の戦争目的を達成する形での終戦に持っていけたと言えるのです。そういうことをご説明しようというのが、本書の狙いです。

そして、実際的なシミュレーションでこれを実証します。すなわち当時の日本の戦力で可能である作戦を、この「対米英蘭蒋戦争終末促進に関する腹案」に沿った形で行ったらどうなったかを実証します。

さらに、現実的に実際に立てられていた作戦を、基本戦略から外れた、言わば外道の作戦を「排して」実行していたらどうなったのか、ということで実証していこうと思います。その上で、ではなぜこの優れた戦略が実行されなかったのか、その理由についても、できるだけ検討してみたいと思います。それが、あの戦争を正しく振り返り、将来に生きるあの戦争の反省になると思っています。

平成30年11月

茂木　弘道

もくじ

Ⅱ　実際的なシミュレーション

第4章 なぜ勝利の戦略が実現できなかったのか 144

第1章　日本は侵略戦争をしたのか

本書は、真珠湾攻撃は騙《だま》し討ちであったのか、あの戦争は日本の侵略戦争であったのか、といったことを論じることを目的としたものではありません。そのことは、「はじめに」をお読みいただければ、お分かりいただけると思います。

しかし、この問題を全く触れないというわけにもいきません。なにしろ今でも共産党の志位委員長は「日本が世界征服の挙に出た」などという主張を、テレビの党首討論などで述べる[1]のですから、やはり少しは触れなければなりません。そして、その影響下に日本の歴史学者の主流は置かれているのですから、ほっておくわけにもいきません。そこで簡単に、この問題についてどう考えているのかを以下に述べてみたいと思います。

1　共産党の志位委員長は、平成27年5月に行われた党首討論会で、「日本国民を欺瞞し、これを世界征服の挙に出るの過誤を犯さしめた」ということがポツダム宣言に書かれているのを知らないのか、と安倍首相を批判した。彼は、敵国が突きつけた降伏勧告状「ポツダム宣言」が、あたかも真理であるかのように引用して、まさに虎の威を借りて「日本が世界征服に乗り出した」という主張を正当化しようとしたわけである。

1929年の大恐慌とアメリカのスムート・ホーリー法

第二次大戦の根本原因はと言えば、1929年10月24日（暗黒の木曜日）に起こったウォール街の株価大暴落に始まる大恐慌に行きつくことになりましょう。

図表1をご覧ください。この大恐慌によって、いかに世界各国の工業生産が甚大な被害を受けたかが、よく分かるかと思います。

〔図表１〕世界恐慌期の各国工業生産の推移

年	アメリカ	イギリス	フランス	ドイツ	日本	ソ連
1928年	93	94	92	99	90	79
1929年	100	100	100	100	100	100
1930年	81	92	100	86	95	131
1931年	68	84	86	68	92	161
1932年	54	84	72	53	98	183
1933年	64	88	81	61	113	196
1934年	66	99	75	80	128	238
1935年	76	106	73	94	142	293

※ 1929年を100として計算（出典：ウィキペディア）

アメリカの工業生産は１９３２年には、１９２９年の半分近くに落ち込んでいます。

問題は、こうした経済危機に対して、世界最大の工業生産国であり、したがって世界に大きな影響を与えざるをえないアメリカがとった政策です。

実は、超〝自己中心〟の政策を、１９３０年６月17日にアメリカ議会が採択しました。提案議員の名前を取って、「スムート・ホーリー法」と呼ばれていますが、これによって２万品目以上の輸入品に対する関税を記録的な高さに引き上げたのです。平均関税率は40％前後にも達し、各国のアメリカへの輸出は減少し、世界恐慌をより深刻化させることになりました。

中でも最も大きな打撃を受けたのは、日本でした。1929年における日本の総輸出の42・5％がアメリカ向けでした。これが1934年には、なんと18・4％へと激減。日本は輸出先の拡大でなんとかこれに対処しましたが、このアメリカの超自己中心的な保護貿易政策は、世界に「ブロック経済化」という動きを呼び起こすことになりました。

ブロック経済の拡大→世界市場のブロック化

1932年には、イギリスが英連邦特恵関税制度を導入し、スターリング・ブロックを形成しました。1933年にはフランスのフラン・ブロックが、そして同じくオランダ・ブロックへと続きます。アメリカは、中南米を含めたドル・ブロックにまで拡大させました。こうしてブロックの内と外とに差別関税を設定することにより、ブロック内を守り、ブロック外からの輸入を抑えようという政策です。

よく、ブロック経済化は英連邦から始まったように言われますが、実はブロック化の始まりはアメリカなのです。アメリカという世界一の巨大市場は、フラン・ブロックなどよりもはるかに大きい市場だからです。巨大市場アメリカのこの高関税導入は、経済学的に言えば、アメリカ市場が実質的にブロック経済化したことを意味します。そして、世界にブロック経済が広がっていく引き金を引いたのでした。

こうして、それまでの自由貿易体制が、ブロック経済という壁によって分断され、世界市場は非自由貿易体制となっていきました。こうなると、最も被害を受けるのは、植民地など勢力圏をほとんど持たない、いわゆる「持たざる国」（日・独・伊など）です。

こういう国では、自由主義などと言っていられない状況に追い込まれてしまったわけです。自由主義を唱えていた、いわゆる先進国が率先して「自由貿易主義」を捨てたのですから、そこから排除された国で、自由だ何だと言っていても、どうにもならないわけです。日本では、大正デモクラシーの夢に冷水が浴びせられることになりました。

スチムソン・ドクトリン

日本が満洲を勢力下におき、中国との提携による「大東亜共栄圏」というブロックを作る道を選ぶのは、このような背景から考えれば極めて自然なことです。しかし、アメリカ国務長官（のち陸軍長官）のスチムソンは、日本の満洲における既得権益を認めない、いわゆる「スチムソン・ドクトリン」（１９３２年1月発表）を打ち出します。アメリカ自身は、中南米をモンロー主義によって自己の勢力圏としていながら、日本に対してはそれを認めないという、これも超自己中心的な政策です。というより、端的に言って、差別主義と言うべきでしょう。

実は、フランクリン・ルーズベルトならぬ日露戦争当時の大統領セオドア・ルーズベルトは、日本のアジアにおけるモンロー主義を認めていたのです。[2] ところが、スチムソンはこれを完全否定してしまいました。日米の対立は、これによって決定的になったと見てよいかと思います。

2　James Bradley, *CHINA MIRAGE*, Little Brown and Company, NY, 2015. P.74 "A "Japanese Monroe Doctrine" in Asia will remove the temptation to European encroachment, and Japan will be recognized as the leader of Asiatic nations, . . ."

コミンテルンの敗戦革命狙いの世界戦争介入

いずれにしても、ブロック経済体制という世界経済の軋轢《あつれき》、歪《ゆが》んだ構造を正すには、平和的な話し合いで実現することは不可能となり、最終的には戦争によってこれを再編成せざるを得なくなったという、基本的な問題が生じたのです。

そこに、コミンテルンが戦争挑発謀略という形で介入し、敗戦革命[3]を狙って戦争を煽《あお》る戦争勢力として、大きな関与をすることになりました。話は少し引き返しますが、共産党の志位委員長は、まだ多くの人がそれを知らないと思って、日本は世界制覇のために戦争を始めたなどという虚言プロパガンダを言っているわけです。

3　レーニンは社会民主主義者の革命的祖国防衛主義に対して、「革命的祖国敗北主義」をとなえた。祖国の敗北の機会を利用して、政権を打倒し、労働者の権力を打ち建てようという考え方である。実際にパリ・コミューン、ドイツ革命、ロシア革命の例に見られるように、祖国の敗北が革命勃発のきっかけとなっている。敗戦は、共産主義革命にとっての絶好のチャンスなのだ。ゾルゲ事件の尾崎秀実《ほつみ》も尋問調書で、日本を中国との戦争に引き込むことが共産化のチャンスになると考えて、戦争を煽ったことを認めている。

逆に、コミンテルンこそは、世界に戦争を煽り、世界の共産化による共産主義の世界制覇を狙っていたのです。反戦というスローガンで戦争を煽るという、極めて巧妙な政策を実行したのがコミンテルンでした。

実は最近、しきりに言われていますが、平和を唱えていたアメリカの勢力には、コミンテルンの手先、フロントが大量に潜入していました。アメリカ政府にもコミンテルンのエージェントが200人以上も入り込んでいたことが、ヴェノナ文書[4]で確認されています。共産主義者は「反戦を掲げる戦争勢力」、というのが実態でした。

4　1995年7月11日に、アメリカ合衆国の国家安全保障局（NSA）、連邦捜査局（FBI）、中央情報局（CIA）が、情報公開法に基づいて一斉に、1940年から1944年にかけソビエト連邦（ソ連）が発信していた暗号化された通信を、アメリカ陸軍の陸軍保安局（現：

国家安全保障局）が密かに傍受し、解読したとされる一連の文書を公開した。それらの文書は、諜報機関であるアメリカのＮＳＡとイギリス情報部が協力したプロジェクト『ヴェノナ作戦（VENONA）』により解読されたものであった。この一連の文書は「ヴェノナ文書」とも呼ばれる。コミンテルンの協力者、エージェントとして働いていた、アメリカ国務省の高官の名前が多数確認されている。

アメリカによる一方的な日米通商条約の破棄

昭和14年（１９３９年）７月26日、アメリカは突如として「日米通商条約廃棄」を通告してきました。しかも、理由は極めて形式的なもので、何も具体的な理由は示されていません。[5]このような形式的な理由なら、ほかの国に対しても通商条約破棄を行うことになるでしょう。しかしそんな形式的理由による破棄は、日本以外にはどこの国に対してもやっていません。イギリスのマンチェスター・ガーディアン紙（１９３９年７月28日付）が書いているように、「日米通商条約廃棄のごときは米国史上いまだその例を見ざることであるし、したがってその意味も重大かつ明確である」というのが真相です。

5　通告文「最近数年来、アメリカ政府はアメリカと他国間に締結された有効なる通商航海条約に関し、右の条約の締結された目的をよりよく達成するためにはどのような変更が必要であるかを決定すべく検討を加えつつあった。以上の検討中にアメリカ政府は1911年（明治44年）2月21日ワシントンで調印された日米通商航海条約が新たなる考慮を必要とする条項を含んでいるとの結論に達した。このような新たなる考慮に対し途を開きかつ新たな事態の発生に即応しアメリカの権益を擁護し促進せしめるため、アメリカ政府は該条約第17条の規定に従い、ここに本条約の期限終結を希望する旨通告する。しかし、かかる通告がなされた以上条約及び付属議定書とともに本日より6カ月以後に満期となるものと期待する」

実は、本当の理由は日中戦争で、中国を助けるために日本への軍需品輸出を停止することが目的なのですが、とてもそれを理由にして通商条約廃棄とは言えないので、理由にもならない理由を持ってきて言ったわけです。[6]

6　なお日中戦争については、あの戦争は中国によって不法に仕掛けられた戦争であり、日本は何度も和平提案をしていること、一片の領土要求もしていないこと、などについて、拙著『戦争を仕掛けた中国になぜ謝らなければならないのだ！』（自由社）に詳述しているので、ご参照願いたい。

それまで「高関税」で輸入を制限してきた段階から一歩進めて、というより、政治的な意味では数歩進めたことになります。日本が必要とする物資は売らない、ということで、経済封鎖をすることが可能となったのです。つまり、実質的な準宣戦布告とみなしてもよいようなものなのでした。

日本は資源に恵まれていませんので、重要な資源・物資の多くを海外に依存しています。特にアメリカは重要な輸入先です。昭和15年（１９４０年）には、全輸入の36％がアメリカからの輸入でした。したがって、「売らない」ということは、こういう重要物資の供給を止めるということです。これは、アメリカが経済封鎖を行うということであり、日本の死活を制することができるということになるのです。日本にとっては石油が決定的な重要物資でしたが、屑鉄、合金、精鋼、鉄鋼製品、機械類等々、品目は多岐にわたりました。

真珠湾攻撃は騙し討ちか?

真珠湾攻撃では、宣戦布告通告の遅れをルーズベルトによって最大限に利用され、日本はsneak attack（騙し討ち）をした、と糾弾されました。このルーズベルトの巧みな扇動により、戦争反対派が圧倒的多数であったアメリカ人が「ジャップをやっつけろ！」と叫んで、それこそ一億一心、火の玉となってしまいました。

しかし、その後アメリカ議会の調査を始め、多くの研究成果により、ルーズベルトは「裏口から」参戦する目的で日本を真珠湾攻撃に追い込んだことが、ほぼ明らかとなってきています。ジョージタウン大学のチャールズ・カラン・タンシル教授は、1952年の『裏口からの参戦：ルーズベルト外交の正体1933－1941』[7]で、詳細にこれを証明しています。最近、渡辺惣樹《そうき》氏による日本語訳が、草思社より上下2巻本として刊行されました。

7　Charles Callan Tansill, *Back Door to War: The Roosevelt Foreign Policy, 1933-1941*. Henry Regnery Company, Chicago, 1952.（写真参照）

「歴史家はもはやルーズベルト外交の失敗だとか、軍部が無能であったといった議論を続けることに満足してはいけない。ルーズベルト外交にはもっと悪辣《あくらつ》な『否定のしようのない陰謀』（outright conspiracy）が存在している」とタンシル教授は述べています。

そもそも、日米戦は真珠湾から始まったものではありません。前述したように、通商航海条約の突如の破棄がその前哨戦です。その後さまざまな戦略物資の輸出制限、禁止を行い、昭和16年（1941年）7月28日には在米日本資産の凍結を実施しています。

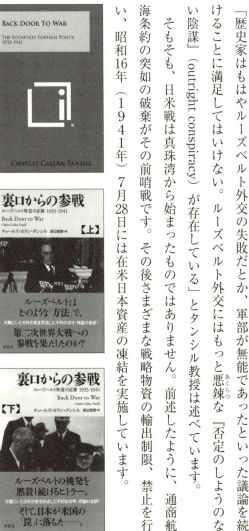

フーバー元大統領は、2011年に刊行された大著『裏切られた自由：フーバー大統領が語る第二次世界大戦の隠された歴史とその後遺症』[8]（渡辺惣樹：訳、草思社）の中で、「（これは）実質的なUndeclared War（宣戦布告なき戦争）である」と述べています（*Freedom Betrayed* p.846）。

8 Herbert Hoover, *Freedom Betrayed: Herbert Hoover's Secret History of the Second World War and Its Aftermath*, Hoover Institution Press, Stanford, 2011.（写真参照）

そしてアメリカは、8月1日に石油の全面禁輸を行います。ABCD包囲網により、すでにオランダ領インドネシアからの石油輸入も断たれていますから、これによって経済封鎖完了ということになります。

経済封鎖は戦争行為である

こうした「経済封鎖は戦争行為である」ということは、パリ不戦条約の批准のためのアメリカ議会の討論で、1928年12月7日、ケロッグ国務長官が議員の質問に答えて、はっきりと述べています。"It's an act of war absolutely !"と。[9]

9　小堀桂一郎：編『東京裁判　日本の弁明』（講談社学術文庫、466頁）。昭和23年3月10日、東京裁判においてローガン弁護人が「日本は挑発されて自衛に立った」ことを立証する最終弁論の中に出てくる。

このケロッグ国務長官は、パリ不戦条約をフランスのブリアン外務大臣と共同で提案した張本人です。パリ不戦条約が別名「ケロッグ・ブリアン条約」と呼ばれるのはそのため

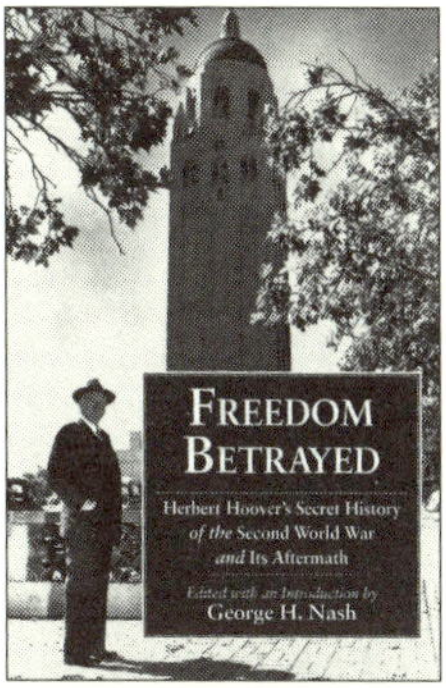

です。その張本人が、「経済封鎖は戦争行為である」と議会の条約審議の場で公に発言したのです。つまり、アメリカは日本に対する戦争行為を、昭和16年（1941年）8月の時点で、すでに開始していたと言えるのです。

国際法によれば、先に戦争行為を始めたアメリカは明白な侵略者です。日本が侵略国である、という告発の根拠は、パリ不戦条約でした。しかし、実際はそれ以前に、アメリカが先に戦争行為を日本に対して仕掛けていたのですから、東京裁判では本当はアメリカが侵略国になっていなければおかしいということになります。なぜならこのパリ不戦条約違反が、日本が侵略戦争をしたという国際法的な根拠になっていたからです。

米上院軍事外交合同委員会におけるマッカーサー証言

アメリカ議会における公式発言としては、昭和26年（1951年）5月3日に行われた上院軍事外交合同委員会においてマッカーサーが行った証言も、重要な意味を持っています（日本語訳は、小堀桂一郎『東京裁判　日本の弁明』564〜565頁より）。

太平洋において我々は彼らを迂回しました。我々は包囲したのです。日本は８千万に近い膨大な人口を抱え、それが４つの島の中にひしめいているのだということを理解していただかなくてはなりません。その半分近くが農業人口で、あとの半分が工業生産に従事していました。

潜在的に日本の擁する労働力は量的にも質的にも、私がこれまでに接したいずれにも劣らぬ優秀なものです。歴史上のどの時点においてか、日本の労働者は、人間は怠けている時よりも、働き、生産している時の方が幸福なのだということ、つまり労働の尊厳と呼んでもよいようなものを発見していたのです。

これほど巨大な労働力を持っているということは、彼らには何か働くための材料が必要だということを意味します。彼らは工場を建設し、労働力を有していました。しかし彼らは手を加えるべき原料を得ることが出来ませんでした。

日本は絹産業以外には、固有の産物はほとんど何もないのです。彼らは綿が無い、羊毛が無い、石油の産出が無い、錫《スズ》が無い、ゴムが無い。その他実に多くの原料が欠如している。そしてそれら一切のものがアジアの海域には存在していたのです。

もしこれらの原料の供給を断ち切られたら、1千万から1千2百万の失業者が発生するであろうことを彼らは恐れていました。したがって彼らが戦争に飛び込んで行った動機は、大部分が安全保障の必要に迫られてのことだったのです。


東京裁判は、法的な根拠としてはマッカーサーが布告した東京裁判所条例のみによるもので、国際法の一般法的な根拠はありませんでした。文字通り、マッカーサー法廷でありました。そのマッカーサーが、戦後まもなくアメリカの上院で、「したがって彼らが戦争に飛び込んで行った動機は、大部分が安全保障の必要に迫られてのことだったのです」と証言しているのです。つまり、自己防衛のために戦争に飛び込んでいった、と言って侵略戦争説を否定しているのです。

しかし、この重要な意味を持つマッカーサー証言は、日本のマスコミでは、全くと言っていいほど報じられませんでした。歴史学界でも、これほどの重要証言が、まともに取り上げられていないのは、摩訶不思議なことです。

宣戦布告は絶対的な義務ではない！

宣戦布告の遅れをルーズベルトは徹底的に利用して、日本はsneak attackをしたと非難してアメリカ国民の憤激を煽りました。しかし、奇妙なことにイギリスはそんなことはしていません。イギリス領マレー半島のコタバルに日本軍が上陸したのは、日本時間で12月8日の1時30分でした。真珠湾攻撃が開始されたのは、そのほぼ2時間後の3時19分でした。なぜ2時間も前に宣戦布告なしで攻撃されたイギリスが、国際法違反だ、sneak attackだと日本非難をしなかったのかといえば、宣戦布告などいわば形式的なもので、糾弾の対象になどならないからです。

アメリカの作家ボブ・ウッドワードは『司令官たち』という本の中で、「アメリカは建国以来、約２００回も外国と戦争をしているが、そのうち宣戦布告をして開戦したのは４回しかない」と書いております。[10]

10　Bob Woodward, *The Commanders*, Simon & Shuster, 1991.『司令官たち：湾岸戦争突入にいたる〝決断〟のプロセス』石山鈴子・染田屋茂：訳（文藝春秋、1991年）

これは湾岸戦争を始める前に、宣戦布告なしで攻撃を始めるべきかどうか、ということが問題になった時の議論で言われたことです。もちろんイラク攻撃の時にも、宣戦布告はなされませんでした。ベトナムでも然《しか》りです。

あの不公平きわまりない東京裁判でも、宣戦布告しなかったことは訴因に入っていません。今でも、宣戦布告の遅れが日本の戦争犯罪の根本であるかのように思っている人が意外に多いのは、困ったものです。

7月23日には日本本土爆撃計画にサインしていた！

もっとあからさまな戦争行為をルーズベルトが命じていたことも、今や明らかとなっています。

昭和16年（1941年）7月23日、ルーズベルトは陸海軍合同委員会提出のJB355号という作戦計画書に対して、はっきりとOKのサインをしていたのです。このJB355は、大統領特別補佐官ロークリン・カリー（後にコミンテルンのスパイと判明して南米に逃亡）が1941年初めから陸海軍と相談しながら蔣介石政権の中枢と検討を進め、5月9日には計画の覚書を出していたものが、基になっています。B15長距離爆撃機150機と戦闘機350機により、中国の基地から東京、大阪、神戸、長崎の諸都市を爆撃するという計画です。中国に航空機を貸与する形ですが、実質的にはパイロットも、フライング・タイガーと称するアメリカ兵の偽装志願兵が中心となるものでした。

中国軍による攻撃というような偽装をした、実質アメリカ軍による日本本土爆撃作戦です。これは、将来などというものではなく、10月1日までに実施することを目的とした「戦闘計画」でした。12月8日の2カ月前に、日本に対する文字通りの sneak attack が行われるところだったのです。

幸か不幸か、イギリスがドイツの攻撃を受けて危うくなり、B15爆撃機をイギリス向けに取りあえず回さざるを得なくなったために、10月には実施できませんでした。しかし、真珠湾の5カ月前に計画され、真珠湾の2カ月前には実施されていたかもしれない、実際の戦闘計画でした。[11]

11　この件に関しては Alan Armstrong, *Preemptive Strike*, Morris Book Publishing LLC, Connecticut, 2006　日本語訳は『「幻」の日本爆撃計画』（アラン・アームストロング：著、塩谷紘：訳、日本経済新聞出版社）に詳しく書かれている。

この話は、真珠湾攻撃から50周年の平成3年（1991年）12月6日、アメリカのABC放送で放送されました。図表2は、陸海軍長官のサインと、ルーズベルトが許可をしたサイン入りの文書のコピーです。昭和45年（1970年）にアメリカの公文書館で公開された資料です。

日本でもようやく、あのテレビ朝日が今年（平成30年・2018年）の8月12日に「ザ・スクープスペシャル　終戦企画：真珠湾攻撃77年目の真実　ルーズベルトは知っていた!?日米ソの壮絶〝スパイ戦争〟」という番組で、このJB355作戦計画のことを、かなりしっ

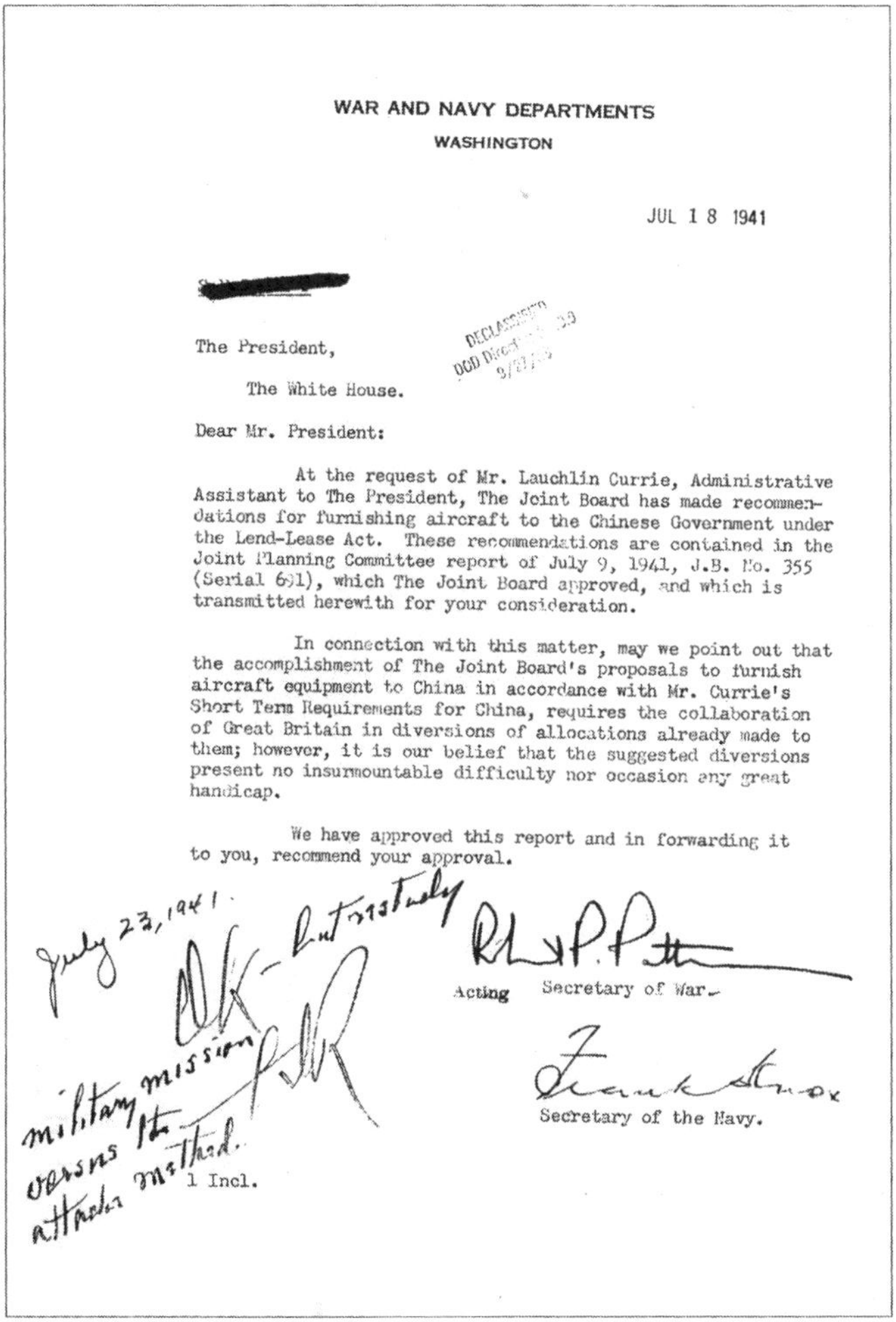

WAR AND NAVY DEPARTMENTS
WASHINGTON

JUL 1 8 1941

[redacted]

DECLASSIFIED

The President,

The White House.

Dear Mr. President:

At the request of Mr. Lauchlin Currie, Administrative Assistant to The President, The Joint Board has made recommendations for furnishing aircraft to the Chinese Government under the Lend-Lease Act. These recommendations are contained in the Joint Planning Committee report of July 9, 1941, J.B. No. 355 (Serial 691), which The Joint Board approved, and which is transmitted herewith for your consideration.

In connection with this matter, may we point out that the accomplishment of The Joint Board's proposals to furnish aircraft equipment to China in accordance with Mr. Currie's Short Term Requirements for China, requires the collaboration of Great Britain in diversions of allocations already made to them; however, it is our belief that the suggested diversions present no insurmountable difficulty nor occasion any great handicap.

We have approved this report and in forwarding it to you, recommend your approval.

July 23, 1941
OK - but restudy military mission versus the attache method.
FDR

Acting Secretary of War.

Secretary of the Navy.

1 Incl.

〔図表2〕ルーズベルト大統領のサイン入りの文書

かりと放送したのです。

私はこのとき直接は見ませんでしたが、友人の関野通夫氏が見て、その内容がかなり正確で、これまでのお決まりの日本悪者論とは大きく違っているものであるということを伝えてくれました。

ＪＢ３５５は、すでに昭和45年（１９７０年）に文書が公開されていたものですが、アメリカのＡＢＣ放送が平成３年（１９９１年）に放送して、その27年後に、ようやく日本のテレビ局が放送したというわけです。その一方で、日本の学者、学会には「学問的良心」というものがあるのでしょうか？　こんな重要証拠を、いまだに歴史検証でまともに取り上げていないというありさまです。

こんな証拠が出てきているのに、いまだに日本が真珠湾で騙し討ちをしただとか、日本が世界征服するために戦争をしただとか、愚かなことを偉そうに言う人がいるのは、信じがたいことです。

「偉そうに言う？」そうですよ。マスコミ、知識人、歴史学者など、自分は知的エリートだと思い込んでいる人たちの主流が、そんな馬鹿げたことを今でも言っているんです。まるで、それが歴史の真実だぞと、我々庶民にお説教するかのように。しかも、アメリカ人の大半、学者も含めてそう言ってるんですから、「偉そうに言うな！」と言いたくなろうというものです。歴史を、こんな良心のない学者にまかせるわけにはいきませんよね。

最後に、とどめを刺したいと思います。

「日本との戦争の全ては、戦争に入りたいという狂人（ルーズベルト）の欲望であった」
——第31代アメリカ大統領　ハーバート・フーバー[12]

12 『裏切られた自由（下）』475頁／*Freedom Betrayed* p.833

〔図表3〕 **対米英蘭蒋戦争終末促進に関する腹案**

昭和十六年十一月十五日　大本営政府連絡会議決定

方針

一、速に極東に於ける米英蘭の根拠を覆滅して自存自衛を確立すると共に、更に積極的措置に依り蒋政権の屈伏を促進し、独伊と提携して先ず英の屈伏を図り、米の継戦意志を喪失せしむるに勉む

二、極力戦争相手の拡大を防止し第三国の利導に勉む

要領

一、帝国は迅速なる武力戦を遂行し東亜及南太平洋に於ける米英蘭の根拠を覆滅し、戦略上優位の態勢を確立すると共に、重要資源地域竝主要交通線を確保して、長期自給自足の態勢を整う

凡有手段を尽して適時米海軍主力を誘致し之を撃滅するに勉む

二、日独伊三国協力して先ず英の屈伏を図る
（一）帝国は左の諸方策を執る
イ、濠洲印度に対し政略及通商破壊等の手段に依り、英本国との連鎖を遮断し其の離反を策す
ロ、ビルマの独立を促進し其の成果を利導して印度の独立を刺戟す
（二）独伊をして左の諸方策を執らしむるに勉む
イ、近東、北阿、スエズ作戦を実施すると共に印度に対し施策を行う
ロ、対英封鎖を強化す
ハ、情勢之を許すに至らば英本土上陸作戦を実施す
（三）三国は協力して左の諸方策を執る
イ、印度洋を通ずる三国間の連絡提携に勉む
ロ、海上作戦を強化す
ハ、占領地資源の対英流出を禁絶す
三、日独伊は協力して対英措置と並行して米の戦意を喪失せしむるに勉む
（一）帝国は左の諸方策を執る

イ、比島の取扱は差し当り現政権を存続せしむることとし、戦争終末促進に資する如く考慮す

ロ、対米通商破壊戦を徹底す

ハ、支那及南洋資源の対米流出を禁絶す

ニ、対米宣伝謀略を強化す

其の重点を米海軍主力の極東への誘致並米極東政策の反省と日米戦無意義指摘に置き米国与論の厭戦誘致に導く

ホ、米濠関係の離隔を図る

(二)独伊をして左の諸方策を執らしむるに勉む

イ、大西洋及印度洋方面に於ける対米海上攻勢を強化す

ロ、中南米に対する軍事、経済、政治的攻勢を強化す

四、支那に対しては、対米英蘭戦争、特に其の作戦の成果を活用して援蒋の禁絶、抗戦力の減殺を図り、在支租界の把握、南洋華僑の利導、作戦の強化等、政戦略の手段を積極化し、以て重慶政権の屈伏を促進す

五、帝国は南方に対する作戦間、極力対ソ戦争の惹起を防止するに勉む

独ソ両国の意向に依りては両国を講和せしめ、ソを枢軸側に引き入れ、他方日蘇関係を調整しつつ場合に依りては、ソ連の印度イラン方面進出を助長することを考慮す

六、仏印に対しては現施策を続行し、泰に対しては対英失地恢復を以て帝国の施策に協調する如く誘導す

七、常時戦局の推移、国際情勢、敵国民心の動向等に対し厳密なる監視考察を加えつつ、戦争終結の為左記の如き機会を捕捉するに勉む

イ、南方に対する作戦の主要段落

ロ、支那に対する作戦の主要段落、特に蒋政権の屈伏

ハ、欧州戦局の情勢変化の好機、特に英本土の没落、独ソ戦の終末、対印度施策の成功

之が為速に南米諸国、瑞典、葡国、法王庁に対する外交並宣伝の施策を強化す

日独伊三国は単独不講和を取極むると共に、英の屈伏に際し之と直に講和することなく、英をして米を誘導せしむる如く施策するに勉む

対米和平促進の方策として南洋方面に於ける錫、護謨の供給及比島の取扱に関し考慮す

第2章 「対米英蘭蔣戦争終末促進に関する腹案」

「はじめに」で、日本は勝てる戦略を持っていた、それは、開戦直前の昭和16年（1941年）11月15日に大本営政府連絡会議で採択された「対米英蘭蔣戦争終末促進に関する腹案」であると申し上げました。その全文は、前掲の図表3の通りです（『戦史叢書076　大本営陸軍部　大東亜戦争開戦経緯5』344〜346頁）。

私は、こんな重要文献を長いあいだ知らなかったのですが、佐藤晃さんの『戦略大東亜戦争』（戦誌刊行会）で初めて知りました。今から15年ほど前のことです。目が覚める思いをしました。以下、ざっと見ていきたいと思います。

「方針1　速《すみやか》に極東に於ける米英蘭の根拠を覆滅して自存自衛を確立すると共に、更に積極措置に依《よ》り蒋政権の屈伏を促進し、独伊と提携して先《ま》ず英の屈伏を図り、米の継戦意志を喪失せしむるに勉む」

ここに戦略方針の骨子が凝縮されて記述されています。

これを見て、ちょっと意外な感じを持ちませんか？　私は、あれ、こんな考え方だったのかとびっくりしました。あの、にっくき敵アメリカ打倒を真っ先に掲げ、それに向かって進撃していく、というのが我が国の戦争方針かと漠然と考えていたからです。

真珠湾攻撃から始まったあの戦争は、アメリカと真っ向激突の戦いが進められたという印象を持っていたのですが、この戦略方針では、対アメリカ政策は極東の米英蘭根拠地覆滅、蒋介石政権屈伏、独伊と提携した英国屈伏の結果として、「米の継戦意志を喪失せしむるに勉む」となっているのです。

読者の皆さんはまだ納得できないかもしれませんが、私は、なるほどこれはよくよく戦略的に考えたものだと感心しました。日米の総合的な抗戦力には圧倒的な差があることを完全に理解した上で、日本の勝利をどのように実現するか、ということを考え抜いた上での結論だなと、それなりの理解をした次第です。

これをきっかけとして、佐藤さんの諸著作を読んだり、質問をしたり、改めて大東亜戦争について考えていくことになりました。これから一通り見ていくことにしますが、実によくできた戦略ではないかと思います。

1　極東における米英蘭の根拠地を覆滅して自存自衛を確立する

第1の柱は、**「極東における米英蘭の根拠地を覆滅して自存自衛を確立する」**ことです。日本は重要資源の多くを海外からの輸入に頼らなければならない経済構造ですが、ABCD包囲網により、重要物資の輸入を閉ざされ、その供給が絶たれるという絶対的な危機に陥りました。さらに、米英蘭はシンガポールを始めとして軍事的な包囲網の強化を進めていましたので、軍事的にも追い詰められていたわけです。

これを打開するためには、何をおいても日本を包囲する極東の米英蘭の根拠地を覆滅して、我が占領下におくことが必要となります。これによって、石油を始めとする重要資源を確保し、また直接的な軍事的脅威を除くことによって、自存自衛の体制をとるベースを築くことができます。

ご存じのように、この第１の課題は、想定をはるかに上回る形で実現できました。開戦４カ月で、香港・マレー・シンガポール・フィリピン・インドネシア・ビルマを占領しました。しかも、重大な損害もなく、迅速に大課題を達成したわけです。

ジェームズ・ウッド教授

アメリカのジェームズ・B・ウッドという歴史学者が２００７年に、〝Japanese Military Strategy in the Pacific War: Was Defeat Inevitable?〟という本を書いています。私はこれを『「太平洋戦争」は無謀な戦争だったのか』と題して翻訳出版しました。[1]

1　James B. Wood, *Japanese Military Strategy in the Pacific War*, Rowman & Little Wood

Publishing, Inc., New York, 2007.　茂木弘道：訳『「太平洋戦争」は無謀な戦争だったのか』（ワック、2013年に文庫版）

アメリカのほとんどの学者は「日本はなぜアメリカを相手に戦うなどという馬鹿げた考えを持ったのか」と思っています。ジョン・ダワーの言い方をすれば「民族的優越感に根差した言動が軍事科学を打破した[2]」がゆえに戦争を起こした、などと、馬鹿にしきった言い方をするのです。

2　John W. Dower, *War Without Mercy: Race and Power in the Pacific War*, Pantheon, New York, 1986. ジョン・ダワー『容赦なき戦争：太平洋戦争における人種差別』（平凡社、2001年）

しかし、ウッド教授は、「連合国相手の戦争は、日本にとって正しい時期における正しい戦争であった」と本書の中で主張しています（『「太平洋戦争」は無謀な戦争だったのか』〔文庫版／以下同〕30頁）。

この時期を逸してしまうと、アメリカの両洋艦隊法[3]による大量の艦船ができあがり、圧倒的な戦力差が生じてしまいます。戦うとしたら今しかないという正しい判断をしたからこそ、初期進攻作戦は例を見ないほどの成功を収めたのだというわけです。

3　1940年7月に成立したアメリカ海軍第4次拡張計画。モンタナ級戦艦5隻、アイオワ級戦艦2隻、空母18隻、大型巡洋艦6隻、巡洋艦27隻、駆逐艦115隻、潜水艦43隻などを1943年後半までに建造する計画。

2　蔣介石政権の屈伏＝汪兆銘・蔣介石連合政権の樹立

次に、**「積極措置に依り蔣政権の屈伏を促進し」**とありますが、そもそも対米戦争は、日中戦争がその原因となっています。日本は、戦《いくさ》を仕掛けてきた中国との全面戦争に引き込まれました。戦争当初はソ連の支援が中心でした。[4]

4　昭和12年（1937年）8月（上海戦のさなか）に中国はソ連と不可侵条約を結んだ。その秘密条項で、ソ連は年内に、航空機360機、戦車200両、牽引車1500両、ライフル銃15万丁、砲弾12万発、銃弾6千万発を提供し、さらに軍事顧問団を送るということが取り決められていた。この情報を初めて知ったのは、*The Lowdown* というニューヨークで発行されている雑誌の1939年1月号の記事であった。その後、これはよく知られた情報であることが確認された。なお、この秘密協定が実質的に合意されたのは、上海戦の始まる前であったと推定される。この秘密協定あったればこそ、蒋介石は日本との全面戦争に打って出たと考えられるからである。

その後、支援の中心はイギリス、アメリカとなっていきます。いわゆる援蒋ルートを使って、膨大な軍事支援をアメリカ・イギリスが行ったわけです。重慶の蒋政権は、飛行機も戦車も自分では作れないわけですから、この支援を止められたら、とても日本に抵抗できません。

必ずしも蒋政権が奥地に逃げ込んだから日本が攻めあぐんだわけではありません。日本は何度も和平を試みますが、それがことごとく頓挫したのは、アメリカの蒋介石政権に対する強力な支援と、日本と妥協させまいとする圧力があったためです。

第１章で述べましたように、昭和14年（１９３９年）７月アメリカは、突如として、まともな理由もなしに、日米通商航海条約の廃棄を通告してきました。これが翌15年１月に発効します。その目的は、実ははっきりしていて、日本に武器・戦争資材を売らないようにすることでした。

といいますのは、その１年前の昭和13年（１９３８年）７月に「日本の侵略に加担しないアメリカ委員会」[5]という大きな大衆組織が発足しており、その目的は、アメリカが侵略者日本の共犯者であることをやめさせるために日本との貿易関係を停止させることにありました。日本が中国に対する侵略を継続するために必要な物資の54・４％を米国が供給している、というのが、その理由でした。

5　The American Committee for Non-Participation in Japanese Aggression　名誉会長ヘンリー・スチムソン（元国務長官、のち陸軍長官）、理事長ロジャー・グリーン（元在漢口アメリカ総領事）、事務総長ハリー・プライス（元北京大学教授）、発起人マーガレット・フォルシス（Y

WCA北米同盟）、フランク・プライス（在中宣教師）、アール・リーフ（元UP中国特派員）、ジョージ・フィッチ（中国YMCA主事）、ヘレン・ケラー（作家）、マクスウェル・スチュワート（『ネイション』副編集長）、フィリップ・ジャッフェ（『アメレジア』編集長）、T・A・ビッソン（外交政策協会研究員、『中国における日本』著者）他。

この組織の名誉会長は元国務長官のヘンリー・スチムソンで、YMCA／YWCAと、共産党系のフロント（大衆団体）がその主体となっていました。これを、あたかもコミンテルンの陰謀であるかのような言い方をする人もいますが、主体となっていたのは、アメリカの正義（Manifest Destiny）を信じているプロテスタント系のキリスト教団体であり、彼らが同じ思想の持ち主であるスチムソンをかついで立ち上げたものです。

もちろん、のちにコミンテルンのフロントがこれに加わり、影響力を持つようになりました。発起人の一人には、かのヘレン・ケラーも入っています。

彼らは『日本の戦争犯罪に加担しているアメリカ』と題する80ページのブックレット[6]（図表4参照）を大量に配布するなど、強い影響力を発揮して、運動開始の1年後に実現させたのが、かの通商条約破棄でした。

6　*America's Share in Japan's War Guilt by American Committee for Non-Participation in Japan's Aggression*, NY, 1938.『日本の戦争犯罪に加担しているアメリカ』（日本語訳は「史実を世界に発信する会」が行い、希望者にはプリント版を配布中。70ページ・１部１００円）

〔図表４〕
『日本の戦争犯罪に加担しているアメリカ』

蒋介石政権を屈伏させることができれば、日本と友好関係にある汪兆銘政権と蒋介石政権の連合政権を成立させることができます。なにしろ、日本は一度も領土要求を中国国民党政府に対して行ったことはなく、日支提携が日本の基本政策でした。中国に統一親日政権ができて、彼らが「アメリカはアジアのことに手を出すな」と宣言したとします。すると、いずれアメリカの若者たちの中から、「なんで俺たちはアジアにまで出かけていって戦わなければならないのだ！」という声が上がるでしょう。そうしたらアメリカの「継戦意志を喪失せしめる」ことに繋がりませんか？　アメリカ国内でも、ベトナム反戦運動に似た運動が起こりかねないでしょう。戦争とは、こういうことも視野に入れた戦略を持たなければならないのです。実によくできた戦略だとは思いませんか？

3　独伊と提携して先ず英の屈伏を図る

3番目の柱は、**「独伊と提携して先ず英の屈伏を図る」**です。まず、となっているのは対アメリカ対策の前に、という意味でしょう。重要補給線＝シーラインを遮断し、それによって弱体化した相手を叩く、という極めて理にかなった戦略です。弱い輪からつぶしていく、という戦略です。

イギリスは武器・軍需物資をアメリカの支援に大きく依存していますが、大西洋を渡ってくるこの補給線は、ドイツがUボート・豆戦艦等による輸送船攻撃によって断ちます。またイギリスは、食料・原料などをオーストラリアやインドからの供給に依存するところが大です。このシーレーンの要は、インド洋です。ここの通商破壊戦を独伊と協力して行い、イギリスを弱体化させて、ドイツがイギリスに勝利する、という構想です。

ドイツとの協力に対して、「ドイツの勢いに乗って日本はあの戦いを決断した」とよく言われています。確かにそういう側面もあったのでしょうが、そんなことは、この戦略の中には全く出てきません。日本が果たすべき役割が、明確に述べられています。これを日本が果たしていたら、その効果たるや莫大なものがありましたが、残念ながら日本はドイツを裏切ってしまい、ドイツの期待に応えられなかったというのが真相です。これがまた、日本自身の勝利を逃すことになったのです。その説明は後に詳しくいたします。

適時米海軍主力を誘致してこれを撃滅するに勉む

次に方針2に進みます。

「方針2、極力戦争相手の拡大を防止し第三国の利導に勉む」

方針2は書かれた通りです。特に説明はいらないでしょう。次に、要領のところに進みます。この方針をどのように実行していくのかの概要を示しています。

要領1の前半の部分はすでに私が説明した内容が主ですが、それ以外に1つ重要なことが書かれています。それは**「重要資源地域竝《ならびに》主要交通線を確保して長期持久の体制を整う」**、というところです。戦争においては、相手の補給線の遮断とともに、自身の補給線の確保ということが非常に重要なのですが、そのことがここには明記されています。しかし実際には、たとえば海軍は極めて弱体な輸送船護衛部隊しか用意しませんでした。その中央司令部もずっとないままで、司令部ができたのは昭和18年（1943年）の11月というありさまでした。

要領1の最後の行に、アメリカに対する対応が出てきます。**「凡有《あらゆる》手段を尽くして適時米海軍を誘致し之《これ》を撃滅するに勉む」**です。つまり、こちらから攻撃していくというよりも、敵を挑発したりしながら、こちらにおびき寄せてこれを撃滅する、という、極めてまっとうな考え方です。

後で、「戦力は根拠地と戦場の距離の２乗に反比例する」という戦いの原則について詳しく説明しますが、「太平洋は日本にとっての大きな武器」なのです。したがって、こちらから出ていくのではなく、遠距離を渡ってくる敵を近海で邀撃《ようげき》するというのが、海軍の伝統的な作戦であり、合理的な基本戦略なのです。ところが現実には、これを真っ向から無視した前方決戦にのめり込んでいったのでした。残念なことです。

独伊と提携して日本がなすべきこと

要領２（１）の（イ）（ロ）は、独伊と協力して日本がなすべきことが述べられています。

まず（イ）として、**オーストラリア・インドとイギリスの連鎖遮断**です。さらに政略を絡めて、**イギリスからの離反を策す**ことが述べられています。（ロ）では、**「ビルマの独立**

を促進しその成果を利導して印度の独立を刺戟《しげき》す」とビルマの独立を明確に打ち出し、それを波及させてインド独立へ、という構想が打ち出されています。

ビルマの独立

ビルマの独立は、昭和18年（1943年）8月1日、フィリピンは10月14日、自由インド仮政府の独立承認は、10月23日です。

ですからこれら諸国の独立ということでは、基本的にはこの構想のとおりに進んだわけです。しかも昭和17年（1942年）1月21日には東條首相が国会で、フィリピン、ビルマの独立承認の考えを表明しております。

したがって、フィリピン、ビルマの独立、インドの独立促進は、日本が追い込まれて苦しまぎれに行ったなどというわけでは全くなく、開戦前の腹案にすでにはっきり書かれ、また開戦の翌月には東條首相が国会で独立承認を明言していたわけです。

なお、インド洋作戦が全作戦上、いかに大きな効果を発揮するものであるかは後に詳述します。

独伊には次の施策を取らしめる

要領2の（2）が、今度はドイツに対して要求することです。

（イ）「近東、北阿、スエズ作戦を実施すると共に印度に対し施策を行う」

北阿とは北アフリカのこと。ロンメルのアフリカ上陸作戦がこれです。スエズを陥《お》とせば、中近東の油田地帯が手に入ります。また、アメリカからの、インド洋経由のソ連への補給が遮断されます。

（ロ）「対英封鎖を強化す」そして、

（ハ）「情勢之を許すに至らば英本土上陸作戦を実施す」

というところまで進みます。

ここではっきりさせておきたいのは、日本が独伊と協力してインド洋方面の作戦を行うといっても、別に日本がアフリカに上陸するだとか、いわんやイギリス上陸に参加するなどということではないということです。それは独伊がやることです。これを誤解して、「日本が何の経験もないアフリカや中東に出かけてどうするというのか」と「腹案」を批判する人がいますが、そんなことは全く考えていないことは、「腹案」を丁寧に読めば当然に分かることです。

要領2の（3）は、3国で協力して行うことが述べられています

（イ）**「印度洋を通ずる三国間の連絡提携に勉む」**
（ロ）**「海上作戦を強化す」**
（ハ）**「占領地資源の対英流出を禁絶す」**

ここでも、インド洋での提携協力関係が強調されています。

対英措置と並行して米の戦意を喪失せしむるに勉む

要領3は、日独伊が協力してアメリカの戦意を喪失させるための施策が述べられています。

（１）は日本が行うことです。

（イ）「比島の取扱は差し当り現政権を存続せしむることとし、戦争終末促進に資する如《ごと》く考慮する」

現政権維持の方針であることは分かりますが、戦争終末促進に資するという意味は、私から見て定かではありません。アメリカとの将来の接点を考えて、ということでしょうか。

（ロ）「対米通商破壊戦を徹底す」

これは極めて重要な施策だと誰でも思うと思いますが、しかし、ことの実現性と効果はどうなのか、と思われる人も多いかと思います。この点について、前に引用した、ジェームズ・ウッド教授は以下のように言っているので、そこに絡めて説明をいたします。

アメリカのシーレーン破壊に十分な潜水艦はあった

まず、確認しておかなければならないことは、開戦時の日本はアメリカに劣らぬ数の潜水艦を保有していたということです。総隻数では、アメリカの111隻に対して65隻にとどまりますが、アメリカはドイツとの対抗上、大西洋側にその多くを配置せざるを得なかったのです。実際、太平洋側には30隻しか配置していなかったので、対日本では日本の半分以下です。

また、性能も優秀で、ウッド教授によれば「日本は大規模で技術的にも最先端の潜水艦隊を率いて、戦争に突入した。最新型の潜水艦、特に伊号シリーズは素晴らしい航続時間を持ち、浮上航行速度が速く、最新の光学技術を用い、誤作動のない高性能魚雷を装備していた」のです（『「太平洋戦争」は無謀な戦争だったのか』148頁）。

アメリカ太平洋軍の窮状

昭和17年（1942年）初め、太平洋のアメリカ軍が置かれていた窮状は、次のようなものであったといいます（『「太平洋戦争」は無謀な戦争だったのか』157〜158頁）。

「大西洋と太平洋の二つの大洋で二つの大きな敵と戦うために、物資供給輸送を担う商船は十分な数ではなかった。…さらに、まずドイツを破るという決定は、優先順位が大西洋のほうにあるということだった。…大西洋に比して、太平洋の目的地に貨物を輸送するには二・五倍の日数がかかった。したがって太平洋で船を一隻失うことは、大西洋では三隻が沈められたのと同じ影響を与えることになった。そのうえ、太平洋の海上ルートは船の追跡にはお誂《あつら》え向きだった。北米大陸に沿った太平洋西海岸沿岸は、天然の停泊地や大きな良港にほとんど恵まれていなかった」

つまり、ここでアメリカ軍の補給ラインへの潜水艦攻撃を行えば大きな成果を挙げられた、ということです。しかもこれは、ドイツからも強く進言されたそうです。なにしろ、ドイツが宣戦布告後にUボートによる船舶への連続的攻撃を北米東海岸、メキシコ湾、カリブ海で敢行した結果、1年足らずの間に400隻の船舶を沈めたのです。わずか10隻たらずのUボートによってです。

しかし残念ながら、日本海軍は、この「腹案」に書かれている思想を理解していなかったようです。潜水艦を戦闘に使用する偏重した戦略思想に凝り固まっていました。

（ハ）**「支那及《および》南洋資源の対米流失を禁絶す」**これは特に説明はいらないでしょう。

（ニ）**「対米宣伝謀略を強化す」「其の重点を米海軍主力の極東への誘致竝《ならびに》米極東政策の反省と日米戦無意義指摘に置き米国与論の厭戦誘致に導く」**

これもぜひ実行すべき施策です。米軍主力を極東に誘致するという方針を持っていたなら、後述するドゥーリットル東京爆撃などに驚いて過剰反応するのではなく、それをもう一度やらせようとワナを仕掛けるくらいのことを考えてほしかったと思いますね。誘い込んで主力を攻撃し、さらに補給と退路を断つ作戦こそ、実施してほしかったものです。

中国問題の宣伝戦についても、本当はもっとずっと前からやっていなければいけなかったことです。その必要性の指摘にとどまらないで、実際に実行してほしかったです。さらに、日米戦がアメリカにとって全く無意義である、戦う意義のない戦いである、という宣伝を実行できなかったのは残念至極です。

（ホ）**「米濠関係の離隔を図る」**

せっかく「腹案」でこのように書かれているのに、第2段作戦で米豪遮断の武力による前方決戦に出て行ってしまったのは、誠に残念です。

（2）「独伊をして左の諸方策を執らしむるに勉む」

（イ）「大西洋及《および》印度洋方面に於《お》ける対米海上攻勢を強化す」

ドイツとイタリアに対して、大西洋は当然として、インド洋はむしろ日本の担当であり、わざわざドイツにその強化を迫るというのはどうなのだろうかという気がしますが、ドイツは現実にこの海域で商船攻撃を行っていました。

（ロ）「中南米に対する軍事、経済、政治的攻勢を強化す」

ドイツは、中南米にはかなり食い込んで影響力を持っていたようです。そのせいもあって、ナチスの指導者が戦後かなり中南米に逃げていったようです。

対支政策と国民党政権の屈伏

要領4 **「支那に対しては、対英米蘭戦争、特に其の作戦の成果を活用して援蒋の禁絶、**

抗戦力の減殺を図り、在支租界の把握、南洋華僑の利導、作戦の強化等、政戦略の手段を積極化し、以《もっ》て重慶政権の屈伏を促進す」

重慶政権に対しては、まず援蔣の禁絶を強化します。ビルマ占領により、最大の補給ルートであったビルマ・ルートの遮断が可能になります。租界につきましては、日本は率先して汪兆銘政権にこれを返還しています。英米等もこれに追随しました。ただし、これが援蔣に使われないように、これを把握するということでしょう。南洋華僑の利導はかなり成果を上げたようですが、ゲリラも含め、対策には苦慮したようです。こうした諸施策を行いつつ作戦を強化して、重慶の国民党政権の屈伏を図ろうというものです。実際、可能性は極めて高かったと思われますが……。

大問題の対ソ政策

要領5 **「帝国は南方に対する作戦間、極力対ソ戦争の惹起を防止するに勉む」**

南方作戦中に対ソ攻撃などやるはずもなく、またソ連が攻撃を仕掛けてくることはほぼ皆無な状況なので、なぜこのような、言ってみれば無意味に近いことが書かれているのか、私には疑問です。その疑問は、次の行以下をみると、実は大問題であることが分かります。

要領５（続き）**「独ソ両国の意向に依りては両国を講和せしめ、ソ連を枢軸側に引き入れ、他方日蘇関係を調整しつつ場合に依りては、ソ連の印度イラン方面進出を助長することを考慮す」**

独ソ戦がたけなわとなっているこの期《ご》に及んでもなお、独ソ講和、そしてソ連を日独伊ソ枢軸に加える可能性を夢想するなど、あまりの情勢判断の甘さに驚きます。

これは、私の考えでは、日ソ中立条約の存在に惑わされた幻想のためではないかと思われます。そもそもこの条約は、独ソ不可侵条約が結ばれているときに、松岡洋右《ようすけ》外相が、日本の主導性によって日独ソ同盟を作ろうなどと夢想したことから、昭和16年（１９４１

年）4月に結ばれたものです。ところが、それからわずか2カ月後の6月に、ドイツは対ソ戦争を開始します。

松岡は、ドイツの真意を何も分からずに愚かなことをやった、ピエロに過ぎなかったわけです。日本は三国同盟を結んでいたのですから、日ソ中立条約の破棄を宣言すべきでした。実際にはソ連を攻撃をしないにしても、大いに牽制になり、ドイツの助けになったことでしょう。

松岡は、一転して極東ソ連攻撃を主張しましたが、これはあまりにも品性を欠いていて、さすがに昭和天皇も受け付けませんでした。しかし、大きな情勢判断の誤りをしてしまったのですから、日ソ中立条約取消くらいは、やるべきだったのではないでしょうか。

既定化した日ソ中立条約の悪影響

いつの間にか、不可侵条約は既定のものになってしまい、ソ連のみに利益があり、日本には利益がなく、ソ連が安心して対独戦に集中できるという、ドイツには不利益な条約が固定してしまいました。

私事ですが、この条約はまずかったと私が言いますと、いやこのおかげでソ連から攻められる恐れがなくなったのだから、意味があった、などと本気で言う自衛隊関係の人がいるのには驚きました。ソ連はこんな条約のためではなく、とても日本を攻められる状況になかったから攻めなかっただけなのです。

もちろんソ連は攻めることができる状況になれば、条約などあろうがなかろうが、いつでも攻めてくる国です。実際、いやというほどそのことは後に思い知らされることになりました。あれほど国内で反共を叫んでいながら、共産主義の本質、すなわち、目的のためにはどんな背信も躊躇《ちゅうちょ》なく行うという本性を忘却してしまうとは、実に不思議な話です。

ソ連と結び、米英と対決するための国家戦略なのか?

「腹案」のこの部分を取り出して、この「対米英蘭蒋戦争終末促進に関する腹案」が、日本政府が思想的にコミンテルン・共産主義に乗っ取られ、ソ連と結び、米英と対決するための国家戦略であるかのように、江崎道朗《みちお》さんは言っています(『コミンテルンの謀略と日本の敗戦』PHP新書、2017年)。しかし、さすがにそれは、何でもコミンテルンのせいにする極論でしょう。これまで見てきましたように、「腹案」全体として見れば、全くそのような内容でないことは明らかだと言えます。

多くの人は三国同盟が致命的な失策だと言いますが、私は、かなり前から、むしろ最大の失策は日ソ中立条約ではないかと思っていました。この条約は、別に左翼思想に影響されて結ばれたわけではなく、前述しましたように、「ドイツがソ連と結んでいるんだから」という前提で、日本もそれに加わって枢軸同盟を作ろうということであり、共産主義国家ソ連と世界情勢に対する、全く小児病的に甘い考えで結んだものだと思います。

ところが、その独ソがその2カ月後に戦争に突入したというのに、まだその甘い情勢認識を払拭できずに、ソ連を枢軸に引き入れるなどという痴呆的な夢想をしている、と見たほうが、実態に近く正しいと思います。あげくの果てには、終戦時にソ連に講和の仲介を依頼するなどという、箸にも棒にもかからない大失策をやってしまいました。

この日ソ条約の既定化、あるいは既成事実化がもたらした悪影響の一例を述べましょう。戦争末期に、なんとソ連という〝狼〟に講和仲介を依頼するという、我が国の歴史上これほどの能天気はないという、まさに愚を犯したときのことです。当時の首相、鈴木貫太郎海軍大将が、「スターリンは東洋風の豪傑で、西郷隆盛を思わせる人物だ」と期待する発言をしていた、というものです。

つまり、コミンテルンの影響下に入った「陸軍統制派」などと、何でもコミンテルン支配下にあったと考えるのは見当はずれで、日ソ中立条約の既成体制化こそが大問題なのだと私は思います。そして、いつの間にか、ソ連は日本と戦うことのない、したがって味方に近い存在だ、というムードを作ってしまったのではないか、というのが私の見方です。

それまで反共反共と言ってきたのが、いつの間にか共産ソ連が、ソ連となり、ロシアという中立国かなにかになってしまったということです。

要領６「**仏印に対しては現施策を続行し、泰に対しては対英失地恢復《かいふく》を以て帝国の施策に協調する如く誘導す**」

仏印については特に説明はいらないと思います。タイ（泰）は、フランスの統治下のラオス、カンボジアの一部を割譲させられていたのを不満として、奪還の戦争を起こしましたが、戦況不利となりました。しかし、1941年5月に日本の仲介で東京条約を結び、失地回復がなりました。大東亜会議でも、この恩義について、タイ代表のピブン殿下が演説で触れています。

講和の機会、外交宣伝施策、講和の方式

要領7「**常時戦局の推移、国際情勢、敵国民心の動向等に対し厳密なる監視考察を加えつつ、戦争終結の為《ため》左記の機会を捕捉するに勉む**」

戦局などを見ながら、戦争終結の機会をつかむことを述べています。しかし実際は、戦争の遂行とともに終戦の機会、講和の機会を掴むという考えは、いつの間にか忘れられ、というか、邪道・卑怯であるかのようなムードに流されていったのは、不思議というか、残念なことです。正式に「基本戦略」に書かれているのに、これらを本格的に検討しながら戦いを進めた形跡が見られないのは、なぜなのでしょうか。「腹案」では、その機会の

主なものとして、次の3つを挙げています。

（イ）「南方に対する作戦の主要段落」

真珠湾作戦で宣戦布告の遅れをルーズベルトに徹底利用され、「ジャップやっつけろ！」のムードの中では、たとえ戦争終結を考えても、この段階ではアメリカのほうが全く相手にしなかったでしょう。

（ロ）「支那に対する作戦の主要段落、特に蒋政権の屈伏」

後に述べますが、昭和18年の初めにはその機会が来そうだったのですが、できあがっていた大作戦計画（第5号作戦）が、ガダルカナル戦泥沼化のため中止され、実現できませんでした。

（ハ）「欧州戦局の情勢変化の好機、特に英本土の没落、独ソ戦の終末、対印度施策の成功」

英本土没落は、日本の怠慢もあり実現しませんでした。独ソ戦の終末を、どういう意味で言っているのか、やや不明なところがありますが、独ソ戦の終末も、日本の怠慢のためドイツを完全敗北に向かわせることになり、講和の機会とはなりませんでした。

「之が為速《すみやか》に南米諸国、瑞典、葡国、法王庁に対する外交竝《ならびに》宣伝の施策を強化す」

講和の仲介者として南米諸国、スウェーデン（瑞典）、ポルトガル（葡国）、法王庁を挙げているのは、なるほどと思わせます。特に法王庁は、武力こそありませんが、精神的な影響力ということからして、最も重んずべき仲介者ではないかと思われます。昭和天皇も期待されていたといいます。

広島に原爆が投下されたときに、まっさきにその非難の声明を法王庁の機関紙が載せていることからしても、日本はここをもっと重んずべきだったのではないかと思います。それをなんと、あの裏切り常習犯、裏切り確信犯のソ連に仲介を頼むとは！　これも、共産主義幻想というより、日ソ中立条約幻想のもたらしたものだと私は思います。

「日独伊三国は単独不講和を取極むると共に、英の屈伏に際し之と直《ただち》に講和することなく、英をして米を誘導せしむる如く施策するに勉む」

イギリスを屈伏させた折には、アメリカもそれに絡ませるように講和に持っていこうという施策です。

「対米和平促進の方策として南洋方面における錫《スズ》、護謨《ゴム》の供給及《および》比島の取扱に関し考慮す」

さすがの資源大国アメリカも錫、ゴムは大いに不足していたようです。しかし、私から見て、これはここで書くほどの価値のあるものかどうか疑わしいですね。フィリピンについては先に説明したように、３の（１）（イ）**「現政権を存続せしむる」**ということは、やはりこのことを念頭においてのことだったと確認できます。

下僚の作った作文に過ぎない？

以上、「腹案」についてご紹介してきましたが、いかがお感じでしょうか？　私は、これはすごい戦略だ、この通りにやれば日本は負けることなどなかったではないか、と思わざるを得ません。

ところがどうも専門家の間では、この「腹案」はあまり高く評価されていないようです。雑誌か何かの対談だったと思いますが、「腹案は下僚の作った作文に過ぎない」と、よく知られた歴史家の誰かが言っているのを読んで、あきれかえったことがありました。

確かにこの腹案の実際の作成者は、陸軍省軍務局軍務課高級課員の石井秋穂中佐が中心となり、海軍軍務局軍務課高級課員の藤井茂中佐と協力して素案を作成して、大本営に提出したものです。しかし、あらゆる戦略、作戦案等はこのクラスが起案するのであって、何もことさら下僚がどうのこうのと言うのは馬鹿げています。

問題は内容です。戦略思想として優れており、実行可能性が非常に高い大戦略であると思います。しかし、何が何でも日本は負けなくてはならない運命にあったと考える主流の歴史家は、その結論が先になって、そのために「腹案」の価値を検討しようともしないし、さらに言えば、理解できないのだと私は思います。

では、どのようにして、このような優れた戦略論が生まれたのでしょうか？　これは実は

「陸軍戦争経済研究班」（いわゆる「秋丸機関」）による、日本および各国の経済抗戦力の全面的な調査研究（250種の報告書を作成）が土台となって作成されたものなのです。

「秋丸機関」の経済抗戦力調査

「陸軍戦争経済研究班」は、陸軍軍務局軍事課長の岩畔《いわくろ》豪雄《ひでお》大佐の発案で昭和15年（1940年）1月に発足した、我が国の最高頭脳を集めた本格的なシンクタンクです。班を率いたのは秋丸《あきまる》次朗《じろう》中佐でしたので、「秋丸機関」とも呼ばれました。

この秋丸機関が、有沢《ありさわ》広巳《ひろみ》東京大学助教授[7]を主査として、当時気鋭の学者グループ[8]を組織して日本および各国の抗戦力調査を行い、日本の勝算をもたらす戦略を提起していたことを、林千勝《ちかつ》氏が『日米開戦　陸軍の勝算：「秋丸機関」の最終報告書』（祥伝社、2015年）という著作で詳しく紹介しました。皆さんにも、ぜひこの本を読んでいただきたいものです。実に画期的な内容なのですが、残念ながら、まだ広く注目されてはいません。

7　有沢広巳：統計学者・経済学者。労農派マルクス経済学者であるが、総力戦と統制経済の大家として名声を博し、当時多くの著作論文を世に出していた。国防経済に関する名著『戦争と経済』を昭和12年に出版し、好評を博した。人民戦線事件で検挙されていたが、その能力を買われて秋丸機関に招かれた。戦後は吉田茂の私的ブレーン、エネルギー問題の専門家として、傾斜生産方式（石炭・鉄鋼・主要産業の復興を優先する方式）の立役者として戦後復興に貢献。法政大学総長、日本原子力産業会議会長などを務めた。

8　独伊班主査：武村忠雄慶応大学教授、日本班主査：中山伊知郎東京商科大学（のちの一橋大学）教授、ソ連班主査：宮川実立教大学教授、南方班主査：名和田政一横浜正金銀行員、国際政治班主査：蝋山政道東京大学教授ほか、百数十名。

その中核をなすのは、有沢主査のグループが作成した「英米合作経済抗戦力調査（其一）」（図表5参照）です。この報告書は長らく発見されていませんでしたが、有沢広巳の死（昭和63年3月7日）の後に、有沢の自宅で遺族によって発見され、他の著書や文献とともに東京大学経済学図書館に寄贈されたのです。

ところがこの内容が、戦後レジーム体制派の経済学者、知識人には都合の悪いものであったため、無視されたり、歪曲されて紹介されたりしていました。林氏は、この報告書を徹底的に研究して、その真実を先ほどの本にまとめたのでした。

「腹案」の戦略は「英米合作経済抗戦力調査（其一）」に基づいていた

この「英米合作経済抗戦力調査（其一）」の序論ではまず、戦争の規模の想定を行い、これに対する経済の量的な測定を行います。

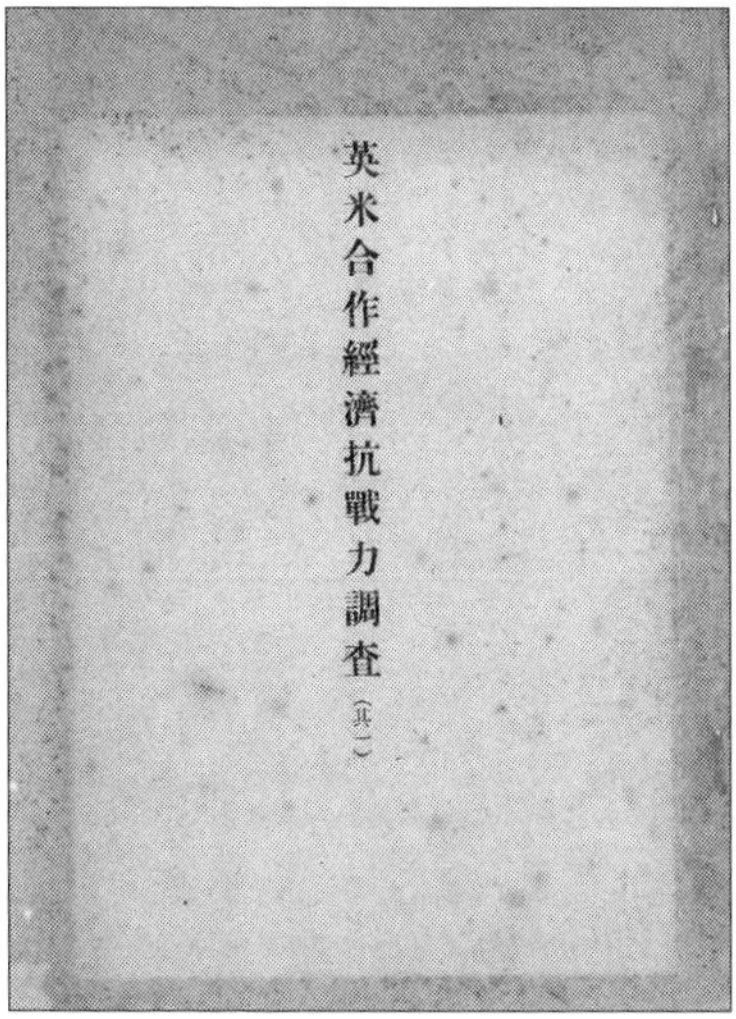
英米合作經濟抗戰力調査（其一）

〔図表５〕
『英米合作経済抗戦力調査（其一）』

論点の２では、抗戦力の構成における弱点（戦略点）が論じられ、論点の４では、米英の抗戦持久力をいかにして変更させることができるのかが検討されます。つまり、単に単体経済の量ではなく、その構成、その変更の可能性追究という、極めて戦略的な研究を行っていきます。

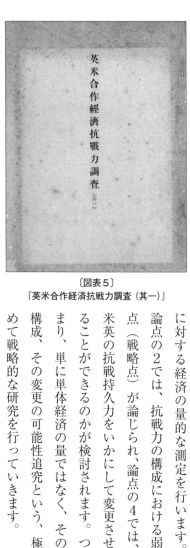

さらに抗戦力のシミュレーションを行っていき、その「**結論**」として、わが国が「**2年程度と想定される短い持久期間で最大軍事供給力すなわち最大抗戦力を発揮すべき**」対象を、経済抗戦力の構造的な弱点を有するイギリスと結論づけました。つまり、当面の攻撃対象は、アメリカではなく、イギリスとする戦略を導き出したのです。

判決（結論）は8項目です。（1）で英国の経済抗戦力について、（2）で米国の経済抗戦力について述べ、（3）で英米合作の経済抗戦力について、次のように述べています。

「英米合作するも、英米各々想定規模の戦争を同時遂行する場合には、開戦初期において米国側に援英余力なきも、現在の如く参戦せざる場合は勿論《もちろん》参戦するも1年乃至《ないし》1年半後には、英国の供給不足を補充して尚第三国に対し軍需資材80億弗《ドル》の供給余力を有す」

これに対して（4）において次のように述べています。

「英本国は、想定規模の戦争遂行には軍需補給基地としての米国との経済合作を絶対的条件とするを以て、これが成否を決すべき57億5千万弗《ドル》(11億5千万磅《ポンド》)に達する完成軍需品の海上輸送力が、その致命的戦略点を形成する」

さらに判決(5)において、

「米国の保有船舶は自国戦時必需物資の輸入には不足せざるも援英輸送力を有せず。従って援英物資の輸送は英国自らの船舶に依るを要すも、現状に於いてすでに手一杯の状態にして今後独伊の撃沈による船舶の喪失が続き英米の造船能力に対し喪失噸《トン》数が超えるときは英の海上輸送力は最低必要量千百万噸《トン》を割る事となり英国抗戦力は急激に低下すべきこと必定なり」

と結論しています。(6)(8)はイギリスとアメリカが取るであろう戦略について述べていますが、これは略し、判決(7)へ行きます。

「対英戦略は英本土攻略により一挙に本拠を覆滅するを正攻法とするも、英国抗戦力の弱点たる人的、物的資源の消耗を急速化するの方略を取り、空襲に依る生産力の破壊および潜水艦戦に依る海上遮断を強化徹底する一方、英国抗戦力の外廓をなす属領・植民地に対する戦線を拡大して全面的消耗戦に導き且《か》つ英本国抗戦力の急減を切断して英国戦争経済の崩壊を策することも亦《また》極めて有効なり」

いかがですか？　この抗戦力調査の判決＝結論は、そのまま「対米英蘭蒋戦争終末促進に関する腹案」につながっていることが、ご理解いただけたかと思います。後に述べますが、さまざまな日本の経済力、戦力の調査、そして戦略論がありましたが、このような戦略を提示したものは、これ以外に皆無と言っていいのではないかと思います。

敵の戦略的弱点を突くことによってのみ、戦いに勝利することができる

「英米合作経済抗戦力調査（其一）」は、昭和16年（1941年）7月に杉山参謀総長ら陸軍首脳部に報告されました。杉山参謀総長は「調査・推論方法は概《おおむ》ね完璧」と総評したといいます（林千勝『日米開戦　陸軍の勝算』125頁）。

この報告書をもとに、陸海軍戦争指導関係課長らによる正式討議において、

1. 戦争目的（自存自衛）
2. 戦争特質の認定
3. 総力戦指導の要則
4. 総力戦における攻略範囲の限定
5. 占領地の処理
6. 思想戦指導の眼目
7. 経済戦指導上の着想
8. 外交戦指導の準則
9. 戦争終末促進の方略

という内容の**「対米英蘭戦争指導要綱」**が策定され、昭和16年（1941年）9月29日、大本営陸海軍部で正式決定となりました。

この「指導要綱」を石井秋穂中佐、藤井茂中佐らが、9の「戦争終末促進の方略」を中心に継承・編集したものが、「対米英蘭蒋戦争終末促進に関する腹案」となったのでした。そして、11月15日の大本営政府連絡会議で、正式に採択されました。

「腹案」は、大局的な視野に基づく考察から、敵の戦略的な弱点を徹底的に攻める戦略です。しかるに、これを下僚の作文などと無知なことを言ってはばからないのが、現在の有力な歴史家ということです。これ以上の戦略は、当時の日本として持ち得なかったと思っています。これこそは唯一、勝利を獲得できる戦略であると、私は思わざるを得ません。

その証明は次章で、実際的シミュレーションによって行いたいと思います。

なお、秋丸機関については、この章では簡単にしか触れませんでしたので、後ほど、もう少し詳しくご説明しようと思っております。

第3章　実際的シミュレーションによる勝利の証明

――「腹案」の戦略に沿った戦いを進めた場合

I　シミュレーションの前提

1　開戦時の艦船・航空機の戦力で日本はむしろ優勢だった

戦力、経済力で圧倒的に劣る日本であるが、負けると分かっていても戦わざるを得なかった、とお考えの方も多いかと思います。

また一部の人たちは、世界情勢、日本の実力も知らずに、井の中の蛙《かわず》よろしく、無謀な戦争に飛び込んでいった、と考えているかもしれません。先述のジェームズ・ウッド教授の本について触れたときにも出てきましたが、ほとんどのアメリカ人、学者は、今でもそう思っているわけです。

絶対に勝ち目のない、無謀な戦争であったと多くの人が思い込むのは、戦争末期の、負け戦になってからの圧倒的な戦力の差の記憶が、あまりにも鮮烈であるためだと思います。しかし日本は、そんなどうしようもない戦力差がある中で、戦争を始めたわけではありません。

開戦時の戦力比較をしてみますと、ちょっと驚かれるかもしれませんが、日本の戦力はアメリカに対してむしろ優位にあったと言えるのです。図表6をご覧ください。

まず、日米の戦力比較をする場合に、アメリカの戦力は西海岸と東海岸、つまり太平洋側と大西洋側に分けて配備しなければならないということです。

すでに英国は、ドイツの攻撃にかろうじて持ちこたえているという状況にありましたので、アメリカの戦力は大西洋側に重点を置いて配備しなければならない状況にありました。

ですから、「日本vsアメリカ総数」ではなく、「日本vsアメリカ太平洋側」の戦力で比較

〔図表６〕開戦時の日米戦力比較

〈艦艇〉

	日本	米国（太平洋側）	米国（大西洋側を含む合計）
戦艦	10	11	17
空母	10	3	7
甲巡	18	16	18
乙巡	20	16	19
駆逐艦	112	84	172
潜水艦	65	30	111

※日本の戦艦は、大和・武蔵を含まず
※建造能力推定：日本＝最大限30万トン／年、米国＝日本の３倍
※英国（東洋艦隊・東印度艦隊）：戦艦２、空母６、甲巡８、乙巡５、駆逐艦９、潜水艦15

〈航空機〉

	日本	米国
総　数	（陸１５００機）	５５００機
	（海３３００機）	
	計４８００機	
正面投入	（陸　７００機）	２４００機
	（海１６１９機）	
	計２３１９機	

〔『大東亜戦争全史』服部卓四郎（原書房）等より〕

しないといけないということです。

図表6を見ていきますと、戦艦では日本10対アメリカ11ですが、日本の数字には、翌年完成の大和、武蔵が含まれていません。また、アメリカの戦艦は旧式のものが多いという事情もあります。

空母は、驚かれるかもしれませんが、日本の10に対してアメリカは3です。大西洋側のものを入れても7に過ぎず、空母は日本が大優勢です。戦争末期にアメリカの大空母艦隊がやってきますが、これらは昭和18年（1943年）後半から19年にかけて完成したものです。ですから、開戦から2年間は何もアメリカの空母を恐れる必要などない、というのが実際の状況だったのです。

巡洋艦は若干の優勢ですが、駆逐艦ではかなりの差をつけています。潜水艦も、後半期には苦しめられましたが、開戦時は太平洋側では、65対30と圧倒していました。

したがいまして、この戦力を有効に活用して開戦後2年の間にどのような体制を築き、講和に持ち込めるかということを、現実的に考えることができたわけです。

この意味でも、決して無謀な戦争であったわけではないということが、お分かりいただけるかと思います。

2　戦力は根拠地から戦場への距離の2乗に反比例する

これはよく知られた「戦いの原則」です。遠くの戦場で戦うということは、兵站《へいたん》を含めていろいろな負担がかかってきまして、距離の比例以上に不利になっていくということです。特に、補給のための輸送が決定的な意味を持ちます。この戦いの原則を図示してみると、次ページの図表7のようになります。すなわち、たとえアメリカが5倍の戦力を持っていても、3倍遠い所で戦う米軍の実力は、逆に半分になってしまうということです。

日本海軍の伝統的な作戦は、敵艦隊をマリアナの近海に引きつけて迎え撃つ、というものでした。「昭和16年度　帝国海軍作戦計画」はこの考えに基づいたもので、西太平洋における不敗持久の戦略態勢という思想がベースになっています。

これは極めて合理的な作戦であるわけです。何しろ図表7に示したように、たとえアメリカが5倍の戦力を持っていても、マリアナ近海に来ると逆に半分の戦力になってしまう

〔図表7〕**戦いの原則**

・戦力は、根拠地から戦場への「距離の2乗に反比例する」

・対米邀撃戦略：マリアナ諸島海域を邀撃戦場とすると、次の式が成り立つ

	保有戦力	根拠地から戦場への距離	実際の戦力
日本	100	1	**100**
米国	500	3	$500／3^2$=55

すなわち、たとえ5倍の戦力を持っていても、3倍遠い所で戦う米軍の実力は、日本の半分になってしまうのである。

わけですから。もちろんこの前提としては、迎え撃つ方もただ漫然と待っているのではなく、長距離をやってくる敵艦隊を機に応じて攻撃し、特に補給が続かないように輸送船団を攻撃するなどの、敵を弱体化させる戦術を駆使するということです。

また邀撃も、マリアナの主要島の要塞化、航空機による第2次、第3次の反撃を繰り出せるように縦深配置した基地を用意しておくことにより、たとえ緒戦で相手が有利な戦いをしたとしても、それが持続できないような体制を作るということが大前提です。

それはまた、当時の日本の力からして、極めて容易にできることでした。

太平洋は日本にとっての大きな武器であった

このような観点に立てば、「太平洋は日本にとっての大きな武器」だということになります。対米ということで言えば、距離という武器を与えてくれているのが太平洋なのです。これをいかに活用するか、ということが戦略の中に十分に取り入れられるべきなのです。ですから、何もこちらから敵の近くに出かけて行って戦うという、いわば敵に塩を送るようなことは基本的にはすべきではないわけです。ましてや太平洋全域を制圧するなどという「無謀」な戦略は、絶対に取るべきではありません。戦力の消耗を招くだけです。しかし現実は、その誤った作戦をとったため、戦力の無駄使いをしてしまい、敵の本格反攻が始まったときには、反撃力が極度に失われていたのでした。

もちろん臨機応変ということがありますので、時と場合によっては出ていくこともあり得るでしょうが、それはあくまでも例外とすべきなのです。

ただ、距離の２乗に反比例するというのはちょっと極論ではないかと思われる人もいるかと思います。もちろん厳密に2乗に反比例するほどの差が生まれるわけではないでしょう。しかし、それに近いくらい「距離」というものが持つ意味が大きいことは、間違いありません。このことを証明する実例がありますので、以下に紹介したいと思います。

距離の原則の証明例としてのガダルカナル戦

ガダルカナル戦は、日本軍が悲惨な戦いをした代表例として知られています。餓死者が続出し、ガダルカナル島は「餓島」と呼ばれたほどでした。では、どうしてガダルカナル戦は、そんな戦いになってしまったのでしょうか。結論を言ってしまえば、「攻勢終末点を越えたところで戦ったから」です。

昭和17年（1942年）6月5日、ミッドウェー海戦で空母4隻を失うという大敗北を喫した10日後、ラバウルから1000キロも南方の島で海軍は航空拠点基地の建設に着手しました。

大本営参謀の辻政信中佐が、その後完成が近いと聞き、「守備隊はいるのか。今が一番危ない」と警告したのに対し、相手の海軍先任参謀は、「辻君。天が落ちても餓島は落ちないよ」と言ったそうです（佐藤晃『帝国海軍が日本を破滅させた（下）』光文社、２００６年、84頁）。

ところが基地が完成すると、８月７日にはアメリカ海兵隊第１師団がガダルカナル島に上陸し、あっという間にこの最新鋭基地を奪取してしまいました。なんだか、一生懸命に作って差し上げた、という感じですね。島には、滑走路だけでなく修理工場・発電所・格納庫・圧縮空気工場の製氷機まで作っていたといいます。

ではどうしてこういうことになったのかといえば、ガダルカナル島は米豪軍の勢力圏なのです。ですから、アメリカ側は建設進展状況の情報をほぼ完全に掴んでいますし、何よりも戦いとなったら日本側は、１０００キロも離れたラバウルの拠点から出て行かなければならないのです。

前出ジェームズ・ウッド教授の本によると、アメリカは昭和18年の反攻予定を早めて戦ったというよりも、自分の勢力圏に入ってきたので、単に有利な地の利を使って反撃したに過ぎない、ということのようです。アメリカが当時派遣できる最大限の戦力は、海兵隊１個師団であった、ということです。

ミカン取りに行って、皮だけ持って帰ったのか

これを取り返そうとして海軍は、まず三川第8艦隊を派遣します。そして、敵の巡洋艦4隻を沈めたのはいいのですが、肝心の輸送船団には一指も触れることなく引き揚げたため、敵は十分な軍需品・食料の陸揚げに成功しました。

この三川軍一長官率いる艦隊の大勝利に国民は歓声を上げていましたが、ラバウルの17軍司令部の二見秋三郎参謀長は「なんだ、ミカンを取りに行って、皮だけ持って帰ったのか」と嘆いたそうです。

どうも海軍は、補給ということの重要性の認識については、軍事知識に欠けている一般国民並みであったようです。彼らは、勇ましく戦って敵の軍艦を沈めることが海軍の使命と考えていたフシがあり、補給とか兵站の観念がなかったようです。

海軍は、もちろん敵の軍艦に勝たなければなりませんが、本来の目的は、味方のシーレーンを守り、敵のシーレーンを切断することにある、という認識が足りなかったのではないでしょうか。この三川艦隊の行動は、それを我々に示してくれる、よい事例ではないかと

思います。

さて、敵の海兵隊1個師団のガダルカナル空軍基地奪取に対して、海軍からの依頼で陸軍は結局、2個師団をガダルカナル島に送りますが、敵の妨害にあい、一度もまともに上陸することができませんでした。

特に食料、重火器などが海中に没することになり、戦力は大打撃を受けました。よく、集中して投入せず戦力の逐次投入がいけなかったとか、武器の差を問題にしたりする人がいますが、見当はずれもいいところです。

武器の性能の問題でも、戦力の逐次投入の問題でも全くない

重火器がまともにないのと、たっぷりあるのとの戦いは、武器の性能の問題ではありえないでしょう。また、戦力の逐次投入と言いますが、もし逐次であっても、兵士、武器とともに、まともに陸揚げされていたら、あんな戦いになることはなかったでしょう。

何よりも悲惨なのは、「食料」の陸揚げがほとんどできなかったことです。最終的には3万の兵をガダルカナル島に送りましたが、そのうち戦死者は5千でした。これも、もし

武器がまともに陸揚げされていれば、その何分の一かで済んだでしょう。もっと悲惨なのは、1万5千の兵士が餓死したことです。何も当時、日本に食料が不足していたわけではありません。食料を送り届けられなかったのです。最終的には1万の兵士が撤退しましたが、それこそ幽鬼のような状態での帰還でした。

こうなった原因は、日本軍が弱いわけでもなく、武器が劣っていたわけでもなく、戦術が拙劣だったわけでもなく、ただひとつ、まともな補給ができない遠隔地で戦ったからです。すなわち、補給のまともにできない距離のところ、つまり補給の可能な「攻勢終末点」を越えたところで戦ったからです。

ガダルカナルの、ラバウルからのゼロ戦や一式陸攻による航空機攻撃も、1000キロも飛んでから敵基地に到達します。途中の島々は米軍の勢力下ですから、コースト・ウォッチャーと呼ばれる監視網が、機種・機数・時間などの情報をラバウル基地に報告します。敵機は上空で待ち構えているわけです。そこへゼロ戦などが突入するわけですが、戦闘できる時間はわずか10分しかありません。しかも長距離飛行で、パイロットはかなり疲労しています。当然、被害は多く戦果は少ない、という結果になります。戦力の大浪費でした。

戦力の浪費は航空機に限りませんでした。本来の任務でない輸送に使われた駆逐艦は、航空機の攻撃に弱く、13隻を撃沈され、63隻が損傷を受けました。潜水艦も、輸送任務で大被害を受け、24隻を失っています。

これというのも、距離の2乗の原則を無視した戦をしたからです。

石原莞爾中将のガダルカナル評

昭和17年（1942年）8月、ガダルカナル島奪回に難渋しているころ、高松宮海軍大佐が石原莞爾[1]中将を召されて意見を求められたとき、石原は次のように応答したといいます（高木清寿『東亜の父　石原莞爾』錦文書院、1954年）。

> 戦争の勝敗は最初から分かっております。我が方の作戦はすべて攻勢の終末点を越えています。戦力は根拠地と戦場との距離の自乗に反比例するのが原則です。…（略）…持久戦争においては、攻勢終末点を何処にするかが、最初から確立されていなければ

なりません。…（略）…

早速ガダルカナル島を撤退すべきです。陸軍も又同様であります。ソロモン、ビスマーク、ニューギニアの諸島は早急に放棄することです。そして我が補給線確保上、攻勢終末点を西はビルマ国境から、シンガポール、スマトラ等の資源地帯を中心とし、この防衛線を堅固に構築し、中部は比島の線に退却せしめ、他方本土周辺のサイパン、テニアン、グアムの南洋諸島を難攻不落の要塞化することであります。

1　石原莞爾は日本の代表的な戦略家として知られ、『世界最終戦論』など軍事思想家としても知られる。関東軍の主任参謀時代に満洲事変の作戦計画を立てて成功させたのが有名であるが、東條首相と対立して予備役に追いやられた。戦後、東京裁判の証人として酒田の出張法廷に出廷し、満洲事変は支那軍の暴挙に対する関東軍の自衛行動であり、侵略ではないとの持論を主張した。判事に、歴史をどこまでさかのぼって責任を問うのかを尋ね、「およそ日清・日露戦争まで遡る」との回答に対して「それならペリーをあの世から連れてきて、この法定で裁けば良い」と持論を披露した。

高松宮海軍大佐にこの通り話したのかどうかについては、不確実な点もあるようですが、石原の考えからしたら、こう言ったとしてもおかしくはありません。まさに卓論です。

しかし、これは「対米英蘭蔣戦争終末促進に関する腹案」の考え方と基本的に同じものです。逆に言えば、「腹案」は、この攻勢終末点ということを十分に考慮に入れた内容になっているということです。

3　連合軍の輸送大動脈・インド洋

インド洋は輸送の大動脈として、非常に大きな意味がありました。これまでも触れてきましたが、次ページの図表8を見ていただくと、よくお分かりいただけるかと思います（佐藤晃『太平洋に消えた勝機』より）。

単にイギリスへの食料・原料その他の物資の輸送路であっただけではなく、中国はこのインド洋の制海権を日本に押さえられると、実は完全にお手上げなのです。

〔図表8〕連合軍の輸送大動脈・インド洋

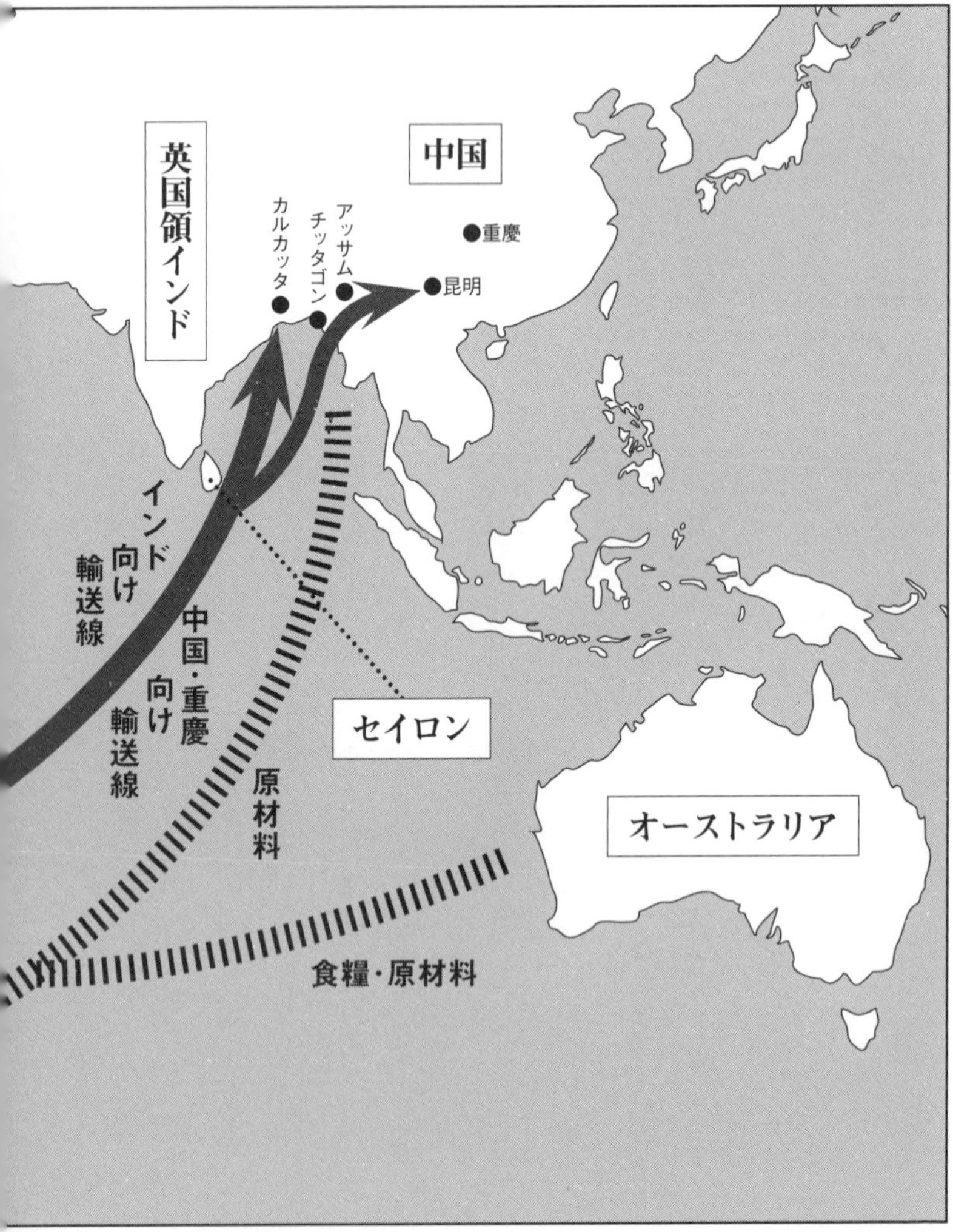

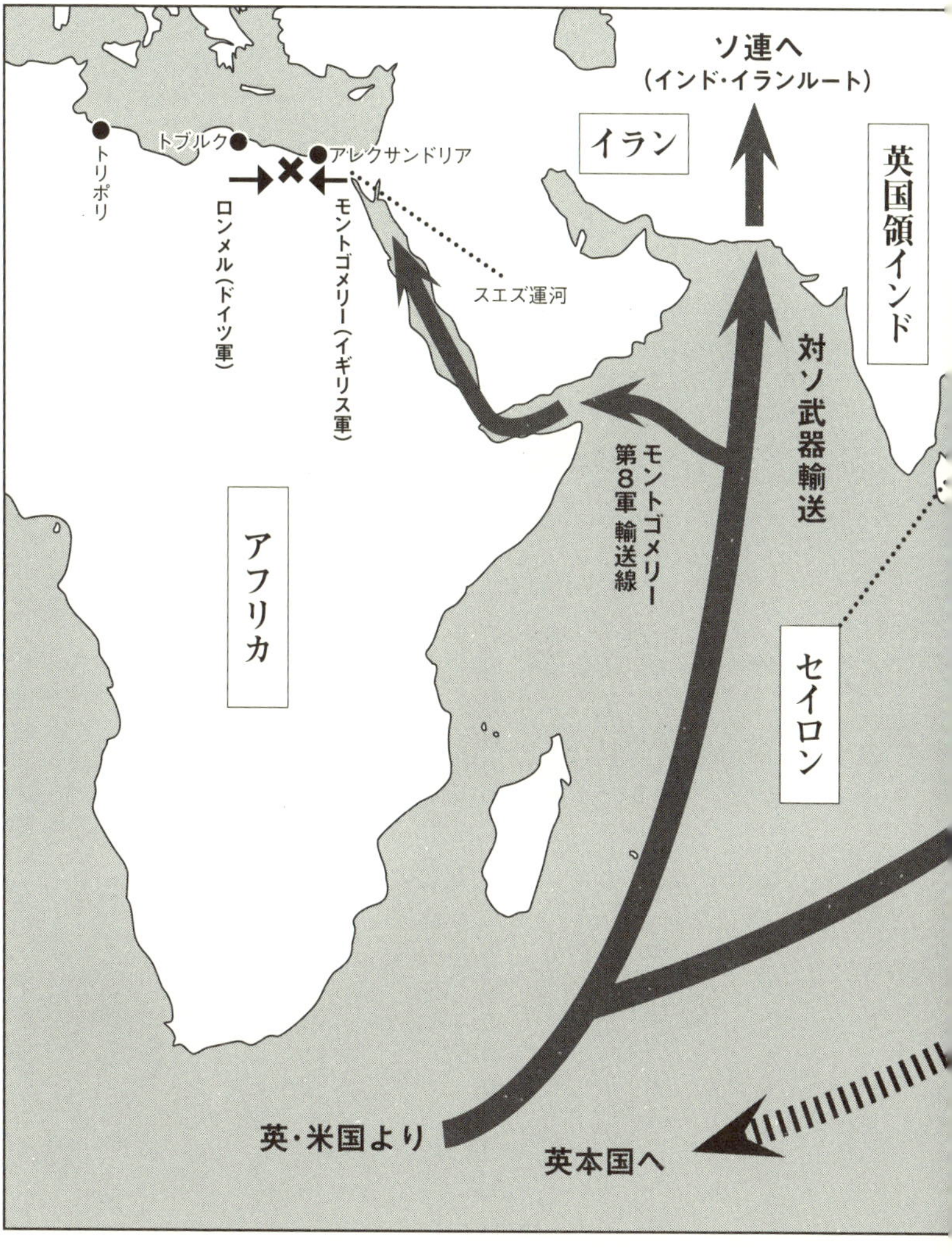
ソ連へ
（インド・イランルート）
イラン
英国領インド
トリポリ
トブルク
アレクサンドリア
ロンメル（ドイツ軍）
モントゴメリー（イギリス軍）
スエズ運河
対ソ武器輸送
モントゴメリー第８軍輸送線
アフリカ
セイロン
英・米国より
英本国へ

英米は、ビルマ・ルートを使って蒋介石政権に軍需物資の輸送を行っていましたが、日本のビルマ占領により、昭和17年（1942年）5月には、このルートが完全に止まりました。

ではどうしたかといいますと、インドのカルカッタ・チッタゴンに陸揚げした軍需物資をアッサムに陸送し、アッサムから輸送機によるヒマラヤ越えで、昆明・重慶に送ったのです。彼らは大型輸送機を動員して、ヒマラヤ越え（ハンプ越え）の大空輸作戦を実施していたのでした。

もはや、独ソ戦に苦戦しているソ連からは何も来るはずもなく、他の補給ルートは考えられませんから、ここを押さえられると、蒋介石政権はどうにもならなくなります。

さらに、インド洋はスエズに駐屯するイギリス軍への補給路でもありました。つまり、この補給路はイギリス本国へ食料・物資を補給することにとどまってはいなかったのです。スエズのイギリス軍への補給には、インド、オーストラリア、ニュージーランドからの兵士の補給も含まれていました。

さらにもう一つ、別の大きな輸送路にもなっていました。それは、アメリカの軍需物資援助のスエズへの主要な輸送路だったのです。

さらに、戦争直前には、イランの南半分をイギリスが、北半分をソ連が保障占領しました。こうしてイランもソ連への物資補給路として使われていきます。

アメリカの対ソ援助物資の約70％は、このインド洋ルートであったと言われています。ここを押さえられると、ソ連の勝利は極めて難しくなってきます。その内容については後述します。

Ⅱ　実際的なシミュレーション

「実際的なシミュレーション」とは何か、といいますと、当時の状況からして、日本軍の能力としてできる可能性のあることを、「腹案」に則して実行してみたらどうなるかということです。

では、実際「腹案」に沿った作戦を日本が展開していった場合、どのような戦果が期待できるのかを見ていきたいと思います。

1　極東における米英蘭根拠地を覆滅して自存自衛を確立（第1段作戦）

この作戦は、想定よりもはるかに速やかに、また、はるかに少ない犠牲で実際に実現したことは前述した通りです。

第2章の初めの方で、ジェームズ・ウッド教授が『「太平洋戦争」は無謀な戦争だったのか』の中で、「連合国相手の戦争は、日本にとって正しい時期における正しい戦争であった」と主張していることを紹介しましたが、もう少し引用してみたいと思います。

開戦への最終決断は、そこで国際情勢、国民および帝国の利益、日本軍の軍事的準備の水準等の現実的評価にかかっていた。アジアにおける日本の立場に対するアメリカの敵意は明白であり、振り返って見ても、アメリカが日本と戦争をするつもりであったとの結論は、アメリカの意図を読み違えたものでは決してない。日本の資源供給の道は、帝国本土以外では全く閉ざされており、予備の資源もごく限られていた。たとえABCD各国と戦争状態に入らないで和平を保ったとしても、このような窮状を正常に戻すことの見込みが全くなかった。

しかし、軍事行動を実行すれば、必要な資源を手に入れることにより、…日本が戦っていくことができるであろう。この地域における軍事力の均衡は、当座は日本に有利であった。なぜならば、敵側の潜在的戦力はいまだ力不足で、一般的にお粗末なうえに広大な地域に分散していた。（『「太平洋戦争」は無謀な戦争だったのか』34〜35頁）

第1段作戦は、想定を上回る形で実行されたので、あえてシミュレーションをするまでもなく、実績を見ればその正当性は100％確認できるわけです。

特に昭和17年（1942年）の2月14日、シンガポールの陥落に先立ってインドネシアのパレンバン石油基地を陸軍の空挺部隊の活躍で確保したことは、大きかったわけです。石油施設に対する大きなダメージなしで確保できたために、年産約300万トンの石油が確保でき、技術者の努力によってこれを600万トンにまで拡大することもできました。

当時日本の石油必要量は、年間およそ400万トンでしたから、いかに大きな意味を持つかが分かります。これによって、日本の経済活動・軍事活動を制約していた最大の障害が除かれ、自由な軍事行動が可能になったのです。

さらに、第1段作戦に含まれるいくつかの追加項目があります。

主要交通線を確保して、長期自給自足の態勢を整う

まず、要領1で「**戦略上優位の態勢を確立すると共に、重要資源地域並《ならびに》主要交通線を確保して、長期自給自足の態勢を整う**」とありますが、これはどのように実行できたのでしょうか?

右の点について当時の日本軍の能力で実行可能であったことは明らかです。もちろん、程度の問題はありますが、想定を上回る成功を収めた第1段作戦の追加として、この交通線確保の準備もよいのですが、実際に取り組みはどれほど行われたでしょう? 残念ながら、ほとんど行われなかったというのが実態ではないでしょうか。そもそも海軍は、こういう補給路を確保する施策を行うことが海軍の重要な使命とは考えていなかったようです。

海軍の海上護送戦力は、旧式駆逐艦10隻、海防艦・駆潜艇それぞれ数隻からなる第1海上護衛隊のみで、その強化は、アメリカの潜水艦が猛威を振るい出してから後の、昭和18年11月にやっと第2海上護衛隊が創設されたのに過ぎませんでした。対潜水艦戦力の強化は、ほとんど進展しませんでした。それが、敵潜水艦の跳梁を招くに至るのです。

せっかくの石油が昭和18年（1943年）の後半からは日本国内へ十分には届かなくなってしまったのも、初期作戦時からの、ここで述べられている対策がほとんどなされなかったからです。しかも幸か不幸か、18年の中ごろまでは、潜水艦による被害は極めて小さかったので、この油断が後の災いを招くことになります（次ページの図表9参照）。

したがいまして、「腹案」に忠実に、できることをやっていたら、より日本の勝利は可能性が高くなっていたというシミュレーションが成立するわけです。

同じく次ページの図表10には、日本の海上交通線の変遷図が示されています。ウッド教授によると、この交通線は狭隘部もあり、比較的守りやすい交通線だといいます。ですから、「腹案」に従ってその対策に初期の段階から取り組んでいれば、これをズタズタにされたりすることはなかったと言えるわけです。

〔図表9〕日本の船舶損耗 1941年〜45年

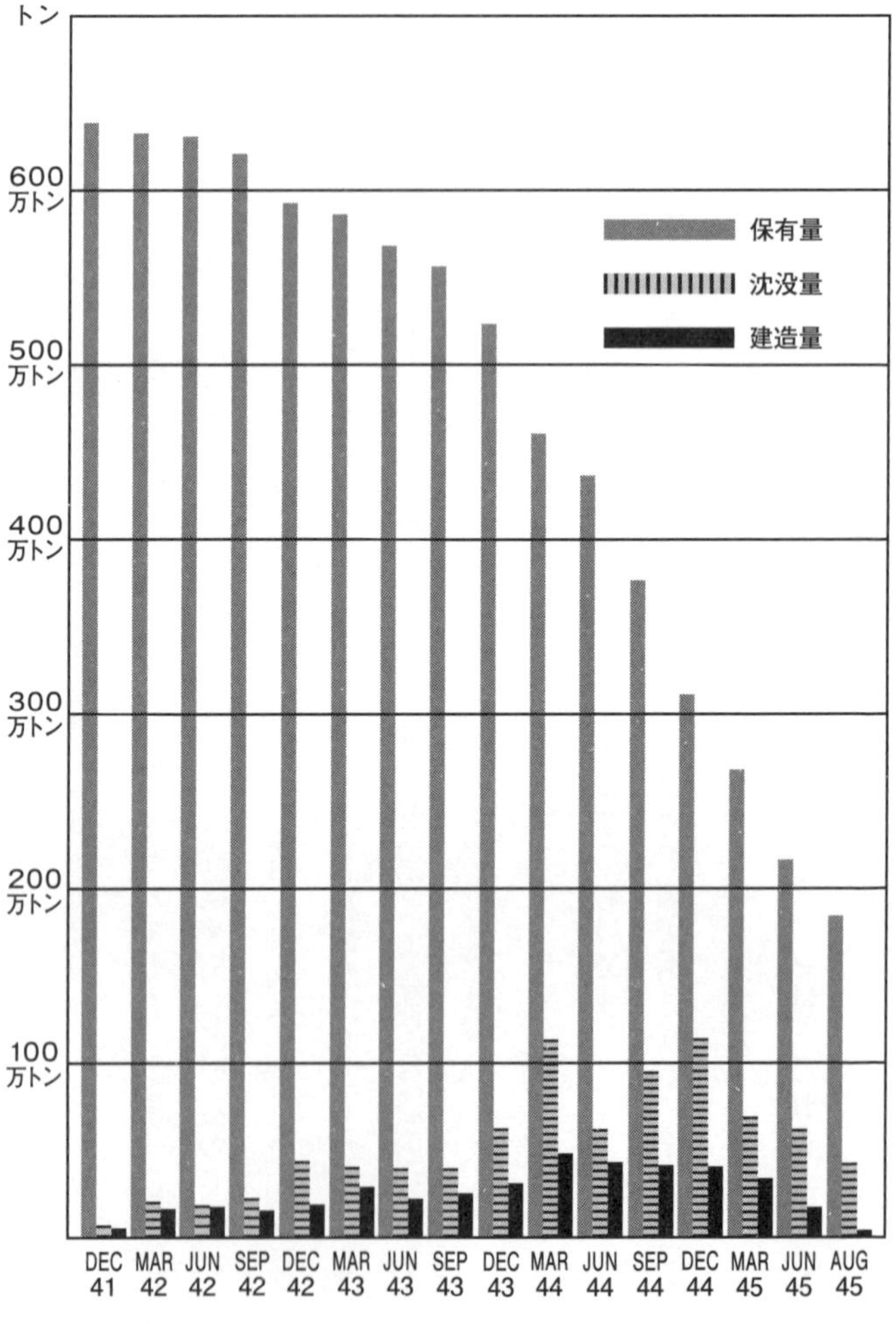

（マッカーサー・レポート第２巻 第２部、図版151〔陸軍省・1950年〕より）

〔図表10〕 **日本海上交通の変遷図** 1943年1月～1944年8月

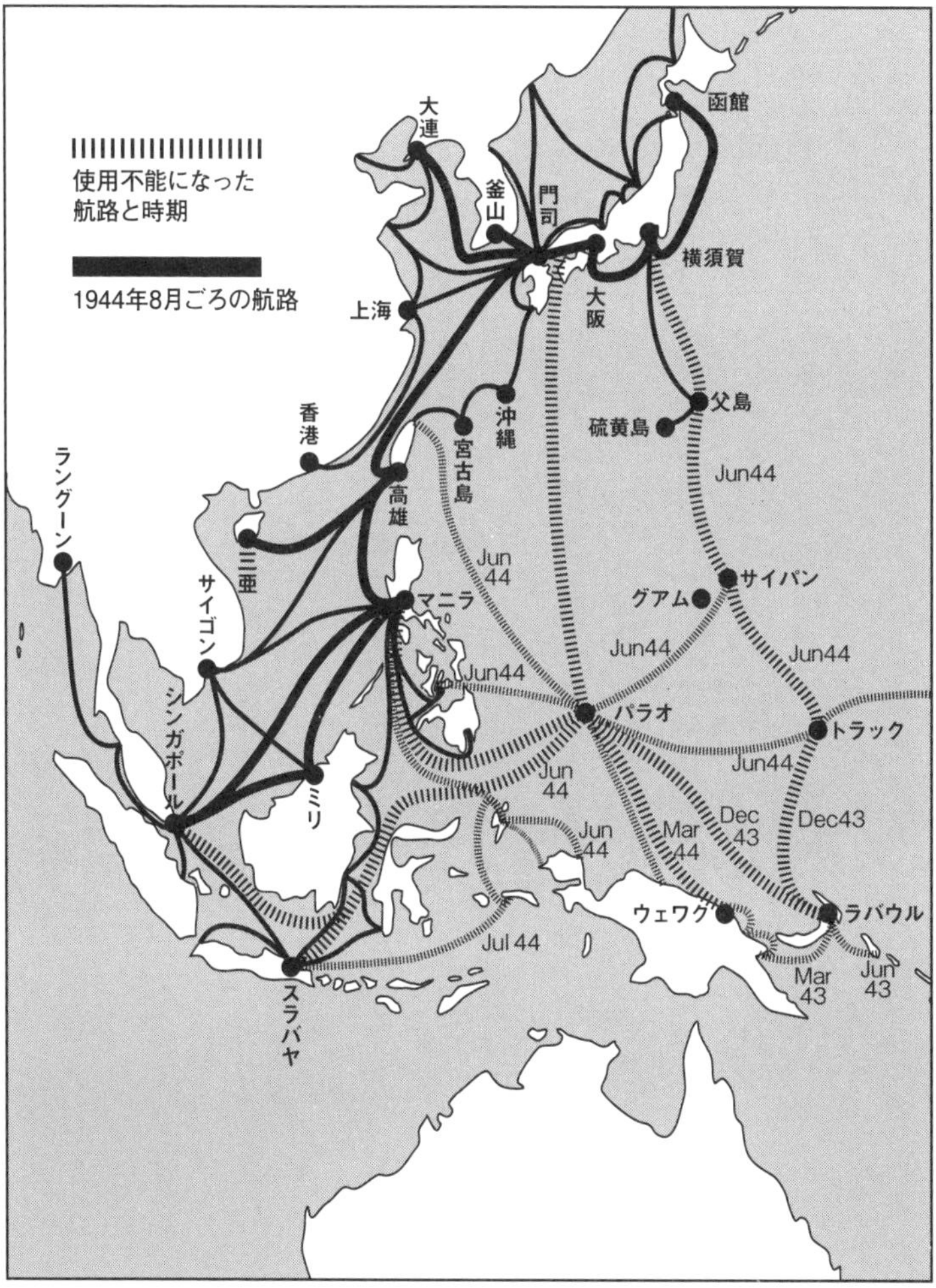

（ジェームス・B・ウッド『「太平洋戦争」は無謀な戦争だったのか』より）

仮定シミュレーション ——「腹案」を忠実に実行した場合

「腹案」からすると、真珠湾攻撃はこれに沿った作戦とは言い難いものであるということに、読者の皆さんはお気づきのことと思います。

「腹案」１の第１段作戦は、アメリカに向かうのではなく、東南アジアの資源地帯に向かうものであり、対米は防御、そして適時米海軍主力を誘致してこれを撃滅するに勉む、となっているからです。

真珠湾攻撃は山本五十六連合艦隊司令長官の強い意向を軍令部が容《い》れ、いわば例外作戦として実行されたものです。しかし、この戦果があまりにも目覚ましいものであったため、いつの間にか「腹案」の基本構想からの逸脱が進んでしまいました。

では、真珠湾攻撃を行わない場合の第１段作戦は、どのようなものが考えられるでしょうか？

フィリピンへの全面攻撃

よく、石油確保のためにインドネシア・パレンバンの保障占領を行うべきだった、そうすれば、必ずしもアメリカは対日戦を行うとは限らず、アメリカとの戦争は避けられたかもしれない、という意見を聞きます（保障占領とは、一定条件の履行を相手国に間接的に強制するため行う平時占領のこと）。

ひとつの検討すべき案かもしれませんし、実はこれについては、陸海軍でもかなり真剣に検討したようです。しかし、ウッド教授が言っているように、アメリカがこれを見逃すほど平和主義であったとは思えません。ウッド教授は次のように言っています（『「太平洋戦争」は無謀な戦争だったのか』34〜35頁）。

アジアにおける日本の立場に対するアメリカの敵意は明白であり、振り返って見ても、アメリカが日本と戦争をするつもりであったとの結論は、アメリカの意図を読み違えたものでは決してない。

結局アメリカとの戦争になる、という覚悟の上での作戦でなくては、「腹案」の実現はとても実現することはできないでしょう。

対米戦を覚悟しての作戦となると、真珠湾に替わって、フィリピン攻略戦が行われることになりましょう。第1段作戦の対象である東南アジアの資源地帯に存在する強大なアメリカ軍は、フィリピンにいるからです。これを撃滅することにより、極東におけるアメリカ軍の勢力を一掃することができます。

マレー作戦等は実際に行われたのと全く同じように進行すると仮定した上で、フィリピン島に対する全面攻撃が行われます。これには、陸軍部隊の上陸は当然のこととして、戦艦を含む海軍部隊と台湾からの航空機（現実のフィリピン攻撃では海軍航空機はこれだけでした）だけではなく、空母を使った集中的な航空攻撃を行うことになるでしょう。

そうなるとマッカーサーは戦艦の砲撃にさらされるコレヒドールに逃げて立てこもることはできず、オーストラリアへの逃走もできなかった可能性があります。

フィリピン占領は、現実に行われたものよりはるかに速く、完全にできたことでしょう。

そして、フィリピンの航空基地建設と要塞化を急ぎます。アメリカが反撃してくることが確実だからです。

これを極めて容易に実行できたことは、現実のフィリピン攻略戦を見ても明らかです。しかも、より大兵力で、短期間に全面占領を実現できるので、その後の日本統治も、よりスムースに行ったことでしょう。アメリカが支援するフィリピン人のゲリラも、ほとんど力を持ちえなかったと推測できます。というのもゲリラは、もともと反日が目的のものではなかったからです。アメリカのテコ入れがあって初めて、強力になったものです。

そして、米海軍主力の誘致が間違いなく実現することになるでしょう。どのような形での反撃になるのかは想像がつきにくいですが、ハワイには大艦隊が無傷で残っているのですから、それらが反撃してくることは確実です。

大チャンス到来

これこそ大きなチャンスとなります。まさに、「腹案」にいう**「適時米海軍主力を誘致し之を撃滅する」**筋書き通りになるではありませんか。敵は、はるばる太平洋を渡ってくる。しかも敵の空母は、太平洋側に3隻しかいない。

ハワイの戦艦は無事ですが、これがたった3隻の空母を伴って、はるばるやってきてくれれば、格好の標的です。航空機は、基地航空も合わせると、こちらがはるかに勝りますので、戦艦はいくら数をそろえても、マレー沖海戦で撃沈されたイギリスの戦艦プリンス・オブ・ウェールズと同じ運命をたどることになったでしょう。

このように仮説シミュレーションをしてみても、日本の優位、そして「腹案」の有効性は証明されるかと思います。

劣位思考から脱却してみると、こちらのほうがはるかに優れていた!

というより、この仮説の作戦の方が、日米戦争で現実に行われた展開よりも、はるかに勝るのではないでしょうか? 敵の残存艦隊や少数空母など、太平洋をはるばる渡ってくるのですから、恐れることなど全くないのです。索敵、通信、防御網の構築を急げば、十分に対応ができます。

日本は何か劣位思考にとらわれていて、早く敵の主戦力に打撃を与えないと勝てないという強迫観念にとらわれていたのではないでしょうか。最初の時期は、客観的に見れば、こちらが優位にあるんですから、もっと堂々とした優位戦思考の作戦を行うべきであった、というように私は思っている次第です。

そして、来《きた》るべきアメリカ軍の襲来に備えて、フィリピン・マリアナ諸島に建設する航空基地、要塞には、対空警戒レーダー網を建設します。レーダーは、昭和11年（１９３６年）から陸軍では研究を始め、昭和15年からは実用配備されています。昭和15年（１９４０年）７月からのバトル・オブ・ブリテンで優勢なドイツ空軍機の攻撃を跳ね返すことができたのは、イギリス軍の防空レーダーの働きによるところが大きいということは知られていたはずです。

当時はまだ日英は戦争状態にありませんでしたから、英国に駐在していた陸海軍の武官がこの情報を得ているはずです。したがって、その開発にはかなり力を入れていたはずです。さらに遅れていた海軍も、昭和16年（１９４１年）からは艦船にレーダーを搭載し始めました。ミッドウェー戦に参加した戦艦伊勢と日向には搭載されていたのですが、あまりにも戦場から後方にいたので、全く役に立たなかったようです。

それはそれとして、フィリピンを占領し、インドネシアを占領したあと、アメリカの反攻に備える体制をいくらでも整える能力を、当時の日本軍は持っていました。したがってこのシミュレーションは、現実的かつ実際的なものとして成立しうるわけです。

2 積極的措置に依り蔣政権の屈伏を促進（第2段作戦）

対支政策は、要領4でより詳しく記述されています。「**支那に対しては、対米英蘭戦争、特に其の作戦の成果を活用して援蔣の禁絶、抗戦力の減殺を図り、在支租界の把握、南洋華僑の利導、作戦の強化等、政戦略の手段を積極化し、以て重慶政権の屈伏を促進す**」

援蔣の禁絶、すなわち援蔣ルートの遮断が最も重要な抗戦力の減殺です。昭和17年（1942年）の3月8日には、ビルマのラングーンが陥落します。これでビルマ公路むけ物資の陸揚げ中心地が閉ざされ、さらに5月にはビルマ全土が占領されたため、ビルマ・ルートは完全に機能不全となります。

そこでアメリカは、インドのアッサムからヒマラヤ越えの大空輸作戦による補給ルート構築を図ります。まずインド洋を渡り、カルカッタ、チッタゴンに軍需物資を陸揚げし、これをアッサムの飛行場に陸送するわけです。そうなると、これに対してインド洋を押さえる作戦が必要になってきます。それが第11号作戦です。

第11号作戦（西亜作戦／セイロン作戦）

第１段作戦の一環として、南雲機動部隊は３月28日インド洋に向かい、４月５日にセイロン（現在のスリランカ）のコロンボを空襲し、基地施設に損害を与え、付近の洋上で重巡２隻を撃沈しました。９日には西岸のツリンコマリ基地を空襲して大打撃を与え、付近の洋上で小型空母ハーミスを撃沈しました。

これは、ビルマ占領が完了しておらず、陸軍の協力がない状況での時期尚早の作戦で、敵に手の内を見せたと言うこともできます。しかし、今や南雲機動部隊にイギリスの残存東洋艦隊は全く抵抗できない存在であるということを示した証明にもなります。

しかしこの南雲機動部隊は、山本司令長官よりミッドウェー作戦のために呼び戻されます。そのことを察知した英軍から、アメリカ軍のニミッツ宛に重大情報が伝えられています（エドウィン・T・レートン『太平洋戦争暗号作戦』ティビーエス・ブリタニカ、1987年）。

「日本軍攻撃部隊がインド洋を離れつつあり、第5航空戦隊がトラックに向かい、4月28日前後に同島到着予定」

イギリスの諜報力もさることながら、彼らはいかに南雲部隊が去ってくれて嬉しかったかが、よく伝わってきます。

このように、インド洋の重要性をそれなりに意識はしていたのですが、あくまでも付け足しであり、山本五十六にとっては、太平洋の前方決戦の方が、より大事だったようです。これは、明らかに「腹案」への反逆です。

3月27日のベルリンにおける日独伊混合専門委員会で、ドイツは日本に次の提案をしていました。

枢軸国と連合国との攻防の中心は現段階では、中近東、スエズ、エジプト方面にあると思う。敵のこの方面への防備、補給が充実しないうちに、速やかに要地を占領したい。そうすれば枢軸側に戦略的先制の利をもたらす。

日本海軍がこの際、独伊のエジプト侵攻に策応し、アフリカ東岸を北上する敵側の補給動脈を撃滅する作戦を実施するよう、特別の配慮を望む。


そして、ロンメル率いる独伊軍は6月21日、リビア東部にあるトブルク要塞を攻略します。リビアの首都トリポリから1400キロも前進した拠点です。

この機をとらえて、6月29日、杉山参謀総長はかねてから計画されていた第11号作戦の準備を指示しました。7月11日、永野軍令部総長は「連合艦隊の主力を投入するインド洋作戦の強化」を上奏しました。

かくて、陸軍2個師団、海軍連合艦隊の大部による、セイロン島を攻略してインド洋方面における敵勢力を制圧する第11号作戦が発動されようとしていました。この作戦は、当時の日本軍の戦力からしたら十分に可能であり、ほぼ間違いなく成功が見込まれます。しかし残念ながら、この作戦はガダルカナルの泥沼に足を突っ込んだために実行されませんでした。それでも、この西亜作戦の成功は「実際的なシミュレーション」としては文句なく成立します。

ちなみにこの実際的シミュレーションでは、作戦は基本的に「腹案」の線に沿って進んでいるものとするという前提ですので、この前提から全く逸脱したガダルカナル島作戦は実施されないということを前提にして考えます。したがいまして、この西亜作戦作戦は実施し得たし、実施すれば、ほぼ１００％成功したと言えるわけです。

敵は日本軍のインド洋攻撃を極度に恐れていた

このころ、アメリカのマーシャル参謀総長は悲鳴を上げています。

「ドイツのロンメル将軍やクライストが中東からやってくる。中東の全域がドイツとイタリアに制圧される。東から日本軍がやってきてインド洋が制圧されそうだ。アメ

リカとしては打つ手がないではないか」（佐藤晃『帝国海軍が日本を破滅させた（下）』78頁）

チャーチルの悲鳴

4月7日および15日付のルーズベルト宛のチャーチルの書簡では、4月末までにアメリカの太平洋艦隊が日本の西進を止め、東へ転じるべく牽制行動をするよう切望していました。

「今、日本がセイロン島と東部インドからさらに西部インドへ前進してくれば対抗できない。蔣介石支援ルート、ペルシャ湾経由の石油輸送ルートやソ連支援ルートが遮断される」

アメリカ軍がこの要望にも沿うための作戦として、当初は予定していなかったガダルカナルへの海兵隊1個師団投入が実行されたのかもしれません。

もう1つ、これは友人の谷本直氏から教えていただいたのですが、イギリスの海軍大佐だったラッセル・グランフェルが『シンガポールへの主艦隊』という本の中で、次のように言ってるのですね（Russell Grenfell, *Main fleet to Singapore*, Oxford University Press, 1987, p.162）。

日本が突き進んでセイロンを手に入れると、彼らは無限の悪に手をつけることができるようになる。船と航空機の燃料用にペルシャからやってくる英国と同盟国の油タンカー輸送路を日本は止めることができる。新しく開いたペルシャを経由したロシアの南からの供給を断つことができる。インドと外部世界との海上輸送交通は切断されうる。最悪まではないかもしれないが、日本は、日本はできうる。アフリカの東海岸に沿って英国から中東への供給路が走っている。そこを経由して砂漠軍には兵と戦車、銃、弾薬、トラック、数えきれなく必要な品々の補給が必要である。これもまた日本海軍によって攻撃されやすい。そしてうまく攻撃されると、我々の中東のすべての地位は危うくなる。この輸送路切断により、砂漠軍は敗北せざるを得ない。ロンメルはカイロに到達するであろう。アレキサンドリアを基地にする地中海艦隊は追い出される。イラク、ペルシャ、そしてインドへの陸路をドイツが自由にする。そしてスエズ運河は敵の水路になる。もし日本が西方を撃つ海洋作戦を実施すれば、英国の戦争遂行に対する破壊は計り知れない。そして多分破滅だろう。

これは、「腹案」にある第11号作戦を実行したら、いかに敵に大打撃を与えるか、ということの証明になっていると思います。敵がかくも恐れていたということは、私が述べてきたことが私の希望的観測ではなく、極めて現実的であり、また効果の大きいものであった、ということではないでしょうか。

戦いは相手があってのことです。敵が恐れることを行うことが勝利の鉄則です。つまり、「腹案」は実行可能であり、また極めて有効な戦略であるということです。

第5号作戦（重慶地上侵攻作戦）

補給路の遮断作戦を進めつつ、国民党の重慶政権の本丸を攻める作戦を、参謀本部は企画していました。それが第5号作戦です。

重慶侵攻作戦は山西南部から軍を発する10個師団（約20万強）の南下軍と、漢口上流の

〔図表11〕**第５号作戦**

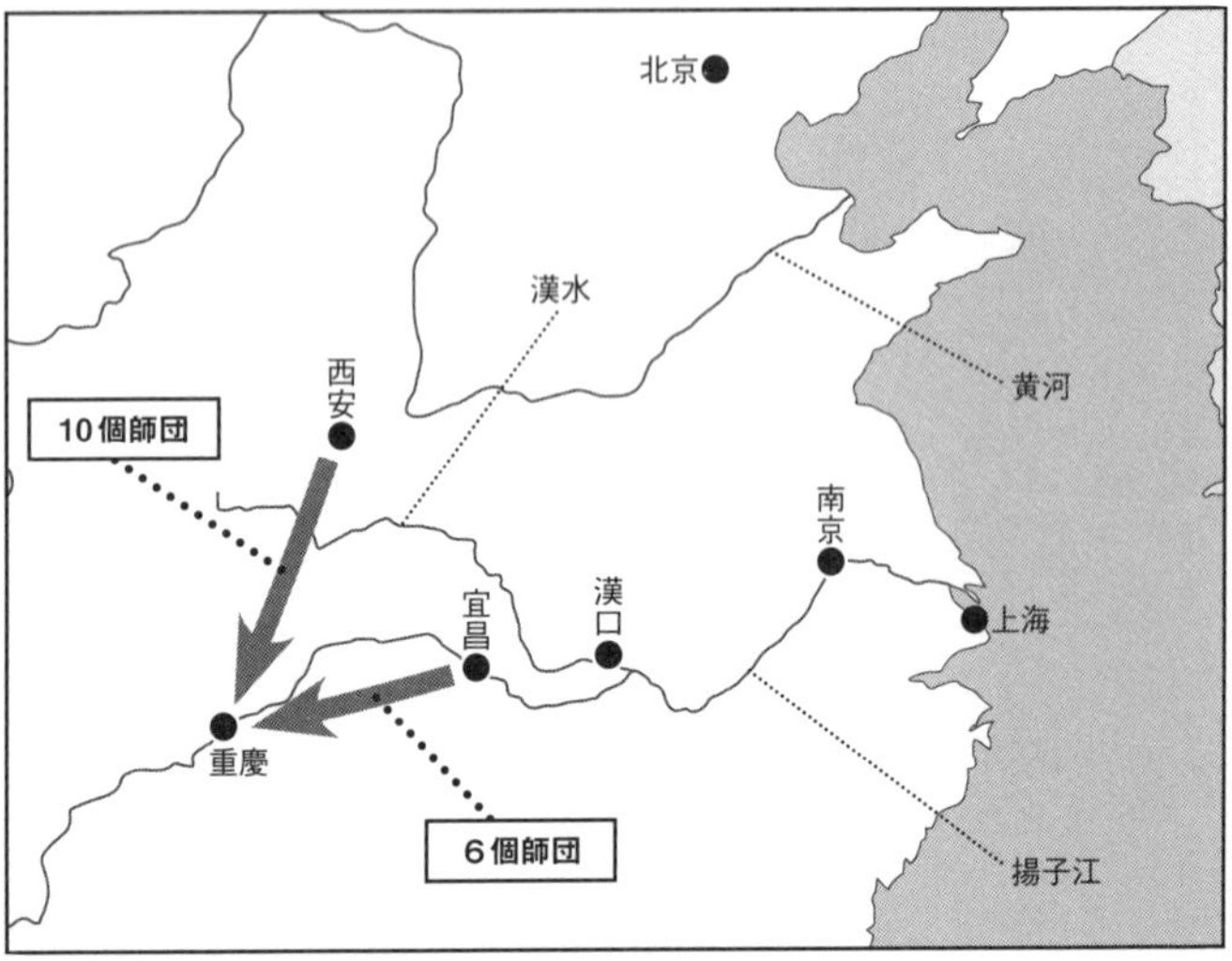

宜昌から軍を発する6個師団（約12万強）の西進軍からなる、超大規模な作戦です。

南下軍の進路は西安から秦嶺山脈を越えて漢水を渡り、陽平関から剣閣を経て四川に展開するルートです。三国史で魏の将軍が蜀攻略の軍を進めたルートです。一方の西進のルートは、劉備が蜀建国の軍を進めた揚子江遡上ルートです。

つまり、１８００年前の歴史ドラマを彷彿させるような大作戦が展開されようとしていたわけです。図表11をご参照ください。

昭和17年（１９４２年）9月に参謀本部は作戦準備を下令し、航空写真による詳細な道路地図の作成も含め、綿密な計画書が作成されつつありました。しかし、これも11月16日、支那派遣軍に中止司令が出されました。ガダルカナルの泥沼化がその理由です。

さて、ここで実際的シミュレーションです。もしガダルカナルのことがなくて、この5号作戦が当初の予定通り、17年の12月頃に実施されていたらどうでしょう。

まず、これはすでに詳細な作戦計画ができていたのだから、極めて現実的な、実行のできるシミュレーションです。そしてこれを実施する実力を当時の支那派遣軍は十分に持っていました。ここでは、派遣軍の総戦力の約3分の2を動員することになります。

一方、すでに述べましたように、8月には第11号作戦が行われているはずでした。「腹案」に沿った上での作戦展開でしたら、この第11号作戦は十分に予定通り行われ得たであろうことは前述しました。すなわち、重慶軍には、もはやアメリカからの戦車・航空機・その他の軍需物資の補給は停止しているので、物資面での制約がかかる上に、士気の面でもダメージを受ける状態が予想されます。そのため、日本軍による集中的な攻撃に耐えることは、とても不可能でしょう。

中国軍は、日本軍のように玉砕までして抵抗するような戦い方はしません。もちろん、東洋平和のため日本と協力したいといった大義名分を掲げるでしょうが、いずれにしても蒋介石は白旗を掲げざるを得なくなりましょう。

こうして、蒋政権を屈伏させる、という目的は確実に達成できる、というのが実際的シミュレーションの結論となります。

3　独伊と提携して先ず英の屈伏を図る（第2段作戦）

さて、もうひとつの第2段作戦である、イギリスの屈伏を図る作戦の方はどうでしょうか。第11号作戦は予定通りに実行できることが確認されました。したがって、セイロンの東洋艦隊はインド洋から一掃されてしまうことになります。

そうすると、インドの食料・原材料さらには兵士のイギリスへの輸送がストップします。オーストラリアやニュージーランドも、大部分はこのインド洋を使ってイギリスに物資と兵士を輸送していますので、これもほとんど完全にストップします。

さらに、イギリス本国からスエズのイギリス軍への補給はインド洋のアフリカ東岸を経由して輸送されていたので、これも打撃を受けます。

スエズへは、イギリス本国、インド、オーストラリア、ニュージーランドからの兵員の補給も止まりますので、スエズのイギリス軍にとっては大打撃となります。

アメリカからのＭ４戦車輸送がイギリスの勝利をもたらした

もっと肝心な軍需物資としては、アメリカからのものです。トブルクを陥としたロンメルはスエズに向かい進軍してきますが、エル・アラメインでイギリス軍はこれにストップを掛けます。ここで攻防戦が続きますが、昭和17年（１９４２年）９月、アメリカが最新のＭ４戦車３００両と１００門の自走砲を急遽インド洋経由で送ったのが、決め手になりました。11月４日、ついにロンメルは全軍に退却を命じます。

かくして「エル・アラメインの前に勝利なく、エル・アラメインのあとに敗北なし」とチャーチルが言ったように、イギリスの勝利が決したのでした。

つまり、西亜作戦が実施されていたなら、エル・アラメインの勝敗は逆になっていた可能性が極めて高いのです。実際的シミュレーションでは、西亜作戦は実現していたわけなので、イギリスはスエズで敗北していた可能性が高くなります。先ほどのラッセル・グレンフェル海軍大佐が心配していた通りになるわけです。

アメリカのソ連支援の大動脈としてのインド洋

イギリスを追い込むもう一つの要素として、ドイツと最も激しく戦っていたソ連の問題があります。もしドイツがソ連との戦いを有利に進めることができていたら、イギリスを屈伏させるための兵力を、より多く割くことができるということになるからです。

実は、ソ連は戦車、航空機、その他さまざまな軍需物資を、アメリカから大量に支援してもらって独ソ戦を戦っていたのです。

その供給ルートは3つありました。北極海と津軽海峡とインド洋です。津軽海峡については、日本はソ連旗を掲げた輸送船については、中立条約の建前上、黙認していました。供給の中心ルートはインド洋で、全体の7割以上を占めていました。このことは、本章Iの3「連合軍の輸送大動脈・インド洋」で述べたとおりです。

ではソ連がどのくらいの軍事支援をアメリカから受けていたのかというと、**重量では1652万トン**、金額にすると106億7000万ドルにのぼったといいます（ハーバート・フーバー『裏切られた自由（下）』701頁）。

主な品目でいうと**航空機1万4700機**、**戦車7000両**、その他、戦闘用車両6300両、砲車2300台、対空砲8200台、トラック37万5000台、ジープ5万2000台などでした。食料も、447万8千トン援助されていました。ここまで援助を受ければ、ソ連がドイツに負けるはずはないでしょう。

しかも驚くべきことに、航空機は、ゼロ戦の全生産量に匹敵する1万5千機近くが、アメリカからレンド・リース法によって提供されていたのです。7000両の戦車ともなると、我が国の全戦車を大きく上回るでしょう。

つまり、もしこの支援の半分がソ連に届かないということになったら、どういうことになるかということです。

まず、ソ連がドイツに勝利することは極めて難しくなるでしょう。敗北する可能性のほうが高くなるのではないでしょうか。日本が、「腹案」の戦略に基づいて第11号作戦を発動していたら、ドイツはソ連に負けないですんだ可能性が高いのです。

ということは、世界の戦争でソ連が消えるわけですから、戦局はガラリと変わることになります。そして、イギリスにとっては非常に厳しい状況になる可能性が高いということです。

日本は、ドイツがインド洋作戦の実施を必死で依頼してきたのに対して、それを実行しませんでしたから、ドイツを裏切る結果となりました。それを、日本はソ連と中立条約を結んでいたのだから、インド洋でアメリカの軍需物資支援を遮ることなどできなかった、などと驚くべきことを言う方がいらっしゃいます。盟友ドイツが必死で依頼してきているのを見捨てろ、というのです。ドイツとソ連とどちらが大事なのか、と言いたくなります。

こんな結果になるのであれば、この時点でも遅くはないということで、やはり日ソ中立条約は破棄しておくべきでした。後日、こんな愚かなことを言う人が出てくるのですから。

しかし、「腹案」による実際的シミュレーションでは、ソ連へのアメリカからの支援輸送船は、拿捕《だほ》または撃沈し、ソ連には運ばせないということにします。したがって、イギリスの苦境は一層、深刻化します。結論として、イギリス屈伏までは難しいにしても、イギリスを追い詰めるところまでは行くことになると結論づけられそうです。

４　米の継戦意志を喪失せしむるに勉む

これまで見てきましたように、第11号作戦を実行することが、２、３の課題を達成するカギとなっていることがお分かりいただけるかと思います。

さて、第11号作戦を成功させると、第５号作戦によって蒋介石政権が倒れます。繰り返すように日本は、もともと中国を征服することなど全く考えていませんでした。中国との戦争が始まってから何度となく和平の工作が行われましたが、その中で日本は一度も領土要求をしたことなどありません。

最初に日本が出した和平案は、盧溝橋事件、通州事件が起こった直後の昭和12年（１９３７年）８月５日でした。船津和平案[2]と呼ばれているものですが、それまでの日中間の懸案をほぼすべて、中国側の要求を飲む形で解決しようという、極めて寛大なものでした。

2　1937年（昭和12年）8月9日、船津和平交渉（工作）。盧溝橋事件の後、日本は北平（北京）・天津地域を平定したが、その時点ですぐに和平へ動き出した。支那側からも信頼されていた元外交官・実業家の船津振一郎を通して蒋介石政府に和平を働きかけた。その際、陸軍、海軍、外務省が一緒になって作りあげた案は、日本が大きく譲歩するものだった。日本の和平案は以下の通り。

①塘沽停戦協定、梅津・何応欽協定、土肥原・秦徳純協定など、日本に有利な北支那に対する軍事協定をすべて解消する。②非武装地帯を作る。③冀察・冀東政権を解消し、南京政府の下に置く。④日本駐屯軍の兵隊は以前と同じ状況に戻す。

この案は要するに、満州事変以後、日本が北支那で得た権益のほとんどを放棄しようという寛大極まりないものだった。日本軍が占領した北平（北京）・天津地域を放棄するというのだから、支那側にとって好条件だった。支那側への要求は満洲国の黙認、反日運動の取り締まりであり、日本が大きく譲歩するものだった。

これをもってすれば、支那と日本との紛争が即日やむことは明らかで、この第1回の話し合いが8月9日に上海で行われる予定だったが、当日に大山大尉虐殺事件が起こり、この工作は交渉初日で頓挫してしまう。ユン・チアン著『マオ』によれば、隠れ共産党員の張治中が日中交渉を妨げるために殺害させたという。

この和平案は、その後の和平交渉の土台となりました。いわゆるトラウトマン工作も、日本側がこの案をもとにした和平提案をしたために、ドイツのトラウトマンが斡旋《あっせん》に応じたのでした。

日本は、汪兆銘政権とは昭和15年（１９４０年）11月30日に日華基本条約を結んで、中国の正式政府として承認しています。そこで不平等な通商条約を破棄し、租界の返還と治外法権の撤廃を行っています。

蒋政権との裏交渉も行っていました。したがって、蒋介石の追放は考えず、汪兆銘政府との連合政権樹立を目指すことになったものと思われます。

そうなると、親日の汪蒋連合政権が中国に樹立されることになります。この政権がアメリカに対して、アメリカはアジアから手を引くべきである、という声明を出すことになると、戦争を厭《いと》うアメリカ国民を前にして、アメリカ政府は戦争遂行が極めて難しくなるのではないでしょうか。それは、総体としてのアメリカの継戦意志を喪失させるのに大きく寄与するでしょう。

インド独立の可能性高まる

第11号作戦の効果はそれだけにとどまりません。セイロン島を海軍だけでなく、2個師団の陸軍が占領します。そうなると、インド国民軍はここに一つの拠点を築き、インド本土への上陸を狙うことができます。

そのためには、ビルマの日本軍とインドのイギリス軍との航空戦の優劣がどうなるのか、ということが一つの鍵となります。日本軍の航空優位という情勢になれば、インド国民軍が日本軍の支援のもとでインド上陸を行っても、制空権がこちら側にあるので、安んじて進軍できます。

では、当時の航空の戦況はどうだったのでしょうか。ビルマ方面の航空軍は第5飛行師団です。昭和17（1942年）年9月、第5飛行師団はビルマ周辺航空撃滅作戦を3次にわたって展開し、敵を圧倒しました。よく知られている、「隼《はやぶさ》戦闘隊」は、この航空師団の戦闘機部隊です。

ところが、ガダルカナル支援のために、この航空師団から約半分が引き抜かれ、戦力が半分に低下してしまいました。さて、実際的シミュレーションでは、ガダルカナルのような、「腹案」の方針に全く反する作戦はなかった、と仮定するわけですから、そうなると第5飛行師団の戦力は不変のままであるということになります。

そうなりますと、ビルマ方面における航空戦力は、日本がイギリスに対して優勢な状況にあったということになります。この前提は大事です。のちにアッサム作戦を行おうとしたときも、またインパール作戦を行うときも、この、航空戦力が半分以下に削減された状況下で行われたということだからです。しかも、別にイギリス軍に撃滅されて半分以下になったのではなく、「腹案」からしたら全く外道のガダルカナル、ニューギニア方面に無理やり引き抜かれた結果なのです。

あのインパール作戦ですら、実は紙一重の接戦だった

あの悪名高いインパール作戦ですが、第5飛行師団の戦力がもとの3分の1以下に削減され、しかもイギリス軍の戦備が強化された昭和19年になって、予定から5カ月も遅れて

実行されたということを押さえておく必要があります。その結果、インパールの入り口のコヒマを制し、あと一歩というところで退却してしまい、惨憺たる撤退戦となりました。

しかし、それでも戦後、インパール戦闘時の英軍現地参謀A・J・バーカーは牟田口《むたぐち》元司令官に対して質問してきて、その中で「佐藤将軍がディマプールを奪取し得たであろうとの貴殿の信念は正しいものであります。数日前スタッドフォード将軍にこの件に関して訪ねましたところ、もし第31師団がコヒマ牽制のためにごく少数の軍のみを残し、さらに突進していたならば、彼は『窮地に陥っていた』であろうと申していました」と言ってきたそうです。

このディマプールは補給の要衝で、武器、弾薬、食料がたっぷりあるので、ここを占領していたら、補給問題も解決できたのでした。つまり、あの無謀なと言われたインパール作戦も、実際は紙一重だったということです。

インド国民軍がセイロン島からインドに上陸したら

したがって、まだこちらが航空の優勢を保っていた昭和18年（1943年）の前半、陸からのインパール作戦と、セイロン島からの上陸作戦が追加兵力を加えて実施されていたとすると、日本軍とインド国民軍部隊は、かなり有利な戦いを展開できた可能性が高くなります。

さらに進んで、マレーで英印軍のインド兵が投降してきて日本軍に加わったのと同様に、インド国民軍に加わってくる兵士が続出したということが大いに起こり得たのではないかと思われます。一度こういう流れが出てくると、もう、あっという間です。インドのイギリス軍はたちまち崩壊してしまった可能性が高くなります。そうなるとどうなるのか、ということです。

日本は、フィリピン、ビルマにはすでに独立容認の方針を表明していました。これに、本命のインドがチャンドラ・ボースのもとに、仮政府ではなく、堂々とインド政府樹立を宣言できるかもしれません。

アメリカはこれを否認することができるでしょうか？　正義の戦争と言っていた大義名分は、これにどう対処したらよいのか、相当困り抜くのではないでしょうか。つまり、「継戦の意志を喪う」のではないですか？

「対米英蘭蒋戦争終末促進に関する腹案」により戦争目的を達成できた！

かくして、アメリカの継戦意志を喪失せしめることが大きく期待できるところまで来ました。

他にも加えることは多々ありますが、「対米蘭蒋戦争終末促進に関する腹案」は、極めて優れた戦略であり、成功して目標を達成する可能性が非常に高いものである、ということがご理解いただけたのではないかと思います。

ともかく、ポツダム宣言と、それに便乗した共産党の志位委員長が言うような「世界征服」など、「腹案」を見ても日本は全く考えていなかったという事実を確認すべきです。それどころか、アメリカのワシントンに日の丸を立てることなど、少なくとも国の政策としては、全く考えていなかったことが分かります。

もちろん一部には、といいますか、対米戦の勝利に沸き返る国民の中には、ワシントンに日の丸をと夢想していた人たちがいたことでしょう。雑誌か何かで、「山本長官はワシントンに日の丸を立てるまで安心できないから油断するなと、おっしゃっている」ということを、元海軍軍人の人が書いているのを読んだ記憶があります。

しかし、あくまでも日本国家の戦争目的はアメリカ征服ではなく、アメリカの対日敵対的な経済封鎖を撤回させるところにあった、ということなのです。

それに加えて、アジア諸国の独立の承認です。その戦争目的達成が勝利です。その目指す勝利をもたらすのが「対米英蘭蒋戦争終末促進に関する腹案」であったということを、ぜひご理解いただきたいものだと思います。

もしも自分が参謀総長だったなら絶対負けなかったろう　――石原莞爾

本章のⅠの2で、石原莞爾中将が高松宮海軍大佐に「我が補給線確保上、攻勢終末点を西はビルマ国境から、シンガポール、スマトラ等の資源地帯を中心とし、この防衛線を堅固に構築し、中部は比島の線に退却せしめ、他方本土周辺のサイパン、テニアン、グアムの南洋諸島を難攻不落の要塞化することであります」と申し上げたという話を紹介しました。石原莞爾からしたら、こうすれば負けるはずはない、ということです。

石原莞爾は東京裁判の証人として、アメリカの検事の一人に「今次大戦でもしも自分が参謀総長だったなら、日本は絶対負けなかっただろう」と言いました。

UP通信、AP通信の記者がこれを聞いて「ジェネラル（石原のこと）は法廷で、自分が戦争をしたら戦争は必ず勝っていたと言われたが、どのような戦争をされたのか」とインタビューで質問しました。対する答えは、高松宮海軍大佐に述べられた内容と、ほぼ同じものでした。そして、その後の展開も含めて石原莞爾は、次のように言ったと伝えられています（ウェブサイト「帝国電網省」より http://teikoku-denmo.jp）。

「本土周辺及びサイパン・テニヤン・グアムの南洋諸島を一切難攻不落の要塞化し、何年でも頑張りうる態勢を取ると共に、外交では支那事変（日中戦争）解決に努力を傾注する」

「特にサイパン防衛には万全を期し、ここは断固確保する。これで米軍の侵入は充分防げた。米軍はサイパンを確保しなければ、日本本土への爆撃は困難であった。従って、サイパンさえ防衛出来れば、レイテ（フィリピン）を守り、持久戦に持ち込めた（戦争を膠着化）。蔣介石（中国・国民党総統）が態度（完全に連合国寄り）を明確にしたのはサイパン陥落後だ。サイパンさえ死守出来たら、日本は東亜（東アジア）の内乱を政治的に解決し、支那（中国）に心から謝罪して支那事変を解決し、次に民族の結合を利用して、東亜一丸となる事が出来たであろう」（大要）

石原莞爾は「対米英蘭蔣戦争終末促進に関する腹案」採択時には、予備役に編入されていましたから、この戦略は知らなかったものと思われます。しかし天才石原は、自身の戦略論からして、「腹案」とほぼ同じ内容の戦略を考えていたのでした。そして、これを実行すれば「絶対に負けなかっただろう」と戦後、占領下で堂々と主張したのです。

第4章　なぜ勝利の戦略が実現できなかったのか

「対米英蘭蔣戦争終末促進に関する腹案」に沿った戦いを日本は実行できる力を持っていたこと、そしてそれを実行していたら、勝利の可能性が極めて高かった、ということについて、2章、3章で立証しました。

となりますと、では一体全体なぜ「腹案」に沿った作戦が行われず、そこから逸脱してしまい、あのようにみじめな敗戦になったのかということになります。日本の敗戦への第一歩のように言われている空母4隻を失ったミッドウェー作戦や、ニューギニアでの戦いなど、どう考えても「腹案」の戦略からは出て来ません。

ミッドウェー作戦

いくらアメリカの空母を撃滅するといっても、わざわざミッドウェーへこちらから出かけていって攻撃をしなければならないまでの理由は、少なくとも「腹案」を基本戦略としている限り、見当たりません。また、ミッドウェー島を占領するという作戦も、「腹案」の方針に反しています。

よく、「ドゥーリットル空襲[1]があったではないか。ああいう攻撃を防ぐには、敵の前進基地であるミッドウェーを潰しておかないといけない」と言われます。しかし、ドゥーリットル攻撃は、確かに意表を突くものではありましたが、一度しか通用しない奇策、いわゆる特攻攻撃に過ぎませんでした。

1　ドゥーリットル空襲とは、昭和17年（1942年）4月19日、アメリカ軍が陸軍航空機B25を空母から発進させ、東京、横須賀、横浜、名古屋、神戸などを爆撃した事件。死者87人の被害が出た。爆撃機は3機喪失、他は中国大陸に不時着し、放棄された。

空母ホーネットに16機の陸軍のB25長距離爆撃機を載せ、日本から500海里（900キロ）で発進させて東京など主要都市を爆撃するというこの攻撃に対し、日本の哨戒網もかなり早く発見したのですが、対応体制の不備もあり、かなりの打撃を受けました。

しかし、あんなものに本気で驚いているようでは、私に言わせれば、とてもプロの軍人とは言えません。なぜなら、もう少し哨戒と対応体制ができていれば、エンタープライズの防御戦闘機だけではとても、発進のために500海里まで近づいている2隻の空母を守ることなどできません。2隻の空母は格好のカモになるだけです。

つまり全く再現性のないものであり、もう一度やってくれればこんなありがたいことはない、といった奇襲に過ぎませんでした。

その証拠に、アメリカ軍は二度とこんな馬鹿なことは繰り返しませんでした。したがって、何もこんなことに驚いて、「腹案」の路線に反するミッドウェー攻撃などする必要はなかったのです。言ってみれば、相撲の「猫だまし」のようなもので、そんなものに引っかかるとは、素人かと言いたくなります。

ニューギニアへの派兵

一方のニューギニアには、最終的になんと16万もの兵を送り、生還できたのは結局１万でした。しかも、15万の死者のうち10万以上は餓死とされています。ガダルカナルの惨劇をより大規模に繰り返したのが、ニューギニアでした。

こうなった原因も第３章Ⅰの２で述べた「距離の２乗」の原則、すなわち補給が伴わない「攻勢終末点」を越えたところでの戦いをしたところにあります。しかもニューギニアは、防衛拠点としても、戦略上の要衝とはとても言えないところです。少なくとも、「腹案」が想定する戦略からしたら、全く問題外と言っていいでしょう。前出のジェームズ・ウッド教授は次のように述べています（『「太平洋戦争」は無謀な戦争だったのか』72〜73頁）。

南方進攻によって、日本軍は世界で最も未開発で孤立した地域に引き込まれることになった。東インド諸島の東、赤道から北緯一〇度以南に位置したこの広大な地域は、全体が前人未踏の内陸地と疾病が蔓延している海岸地帯、南洋の熱帯海洋に互いに遠く離れて浮かぶ環礁や島々だった。この地域にはごく少数の原住民しか居住しておらず、大きな集落も整備された施設もなく、貴重な天然資源が僅かに存するだけだった。日本軍が使用する弾丸一発、缶詰一個、米一合、鉄条網一巻、石油一滴さえ、帝国内部から極端に長く伸延した交通線を使って調達しなければならなかった。

ではどうして、こんなところに大兵力を派兵することになってしまったのか、後ほどその理由について見ていきたいと思います。

「腹案」を本当に理解していたのか？

開戦直前の大本営政府連絡会議で正式に採択された「対米英蘭蔣戦争終末促進に関する腹案」を陸軍、海軍の首脳は平気で無視したのでしょうか？

第1段作戦が順調に進行している昭和17年の2月から3月にかけて、陸海軍幕僚によって第2段作戦に関する大激論が交わされました。2月16日と27日には、陸海軍統帥部の作戦課長以下大部分の課員が会同して合同研究会が行われました。そこでの、陸軍側、海軍側の主張は、要約すると次のようになります。

- 陸軍側の主張：西亜作戦を方針とする英国の脱落を図る。支那を単独に屈伏させる政戦略。それ以外の外郭作戦は大きな作戦は行わず、占領地に不敗の態勢を確立する。
- 海軍側の主張：米海軍主力の撃破、敵の前進大拠点を攻略する積極作戦。敵の前進大拠点として、オーストラリア攻略作戦を実施する。

要約すればこんな感じです。オーストラリアが敵の「前進大拠点」とはおかしな認識だと思いますが、海軍はこんなことまで言っていたんですね。結局、妥協案としてFS（フィジー・サモア）作戦、MO（ポートモレスビー）作戦が決定されました。驚いたことに、全体的には、海軍側の主張が通った南太平洋方面進出方針が、この段階で決まっているのです。海軍の主張は、どう見ても、「適時米海軍主力を誘致しこれを撃滅するに勉む」という「腹案」の戦略から完全に逸脱しているにもかかわらずです。

どうも、陸軍の参謀も「腹案」の本当の重要性、すなわち、これ以外には日本が勝てる戦略はないという認識が十分にはなかったのではないかと思わざるを得ません。長期的に見た場合、経済力、戦力面で大きく劣る日本が勝てる唯一の戦略が「腹案」であると思われるのですが、そこまで透徹した認識が欠けていたのではないかと思います。海軍に至っては、ほぼ完全に「腹案」を無視した考え方をしていたのではないかと言いたくなります。

山本長官は「腹案」の趣旨を理解してセイロン作戦を実行したのか?

しかし、2月20日~23日に連合艦司令部は大和艦上でインド洋（セイロン島）攻略の図上演習を行っており、軍令部要員が立ち会ったほか、陸軍参謀本部からも3人の参謀が招かれて立ち会っています。参謀本部の部員は、ドイツのアフリカ方面作戦の進展と合わせて行うべきであるし、またビルマ戡定《かんてい》もまだ完了していないことなどの理由で反対したようです。軍令部の部員は、反対の意見も賛成の意見も述べませんでした。しかし、その後の27日の陸海軍合同研究会で、軍令部は「セイロン島攻略作戦」を否決してしまいます。

こう見ると、連合艦隊司令部は「腹案」を理解していたが、軍令部が理解していなかったように見えます。というのも、軍令部が否決したセイロン島作戦を、連合艦隊は4月5日に実行するからです。これは重巡2隻撃沈、小型空母ハーミス撃沈という成果を挙げます。またこのとき、ペナンを基地としていた近藤艦隊は潜水艦7隻を伴い、ベンガル湾の洋上破壊戦を敢行し、28隻の商船を撃沈しています。こうした作戦が、本来の戦略に基づいて継続されればよかったのですが、そうはなりませんでした。前述したように山本長官は、4月10日、南雲艦隊に帰国命令を発しました。ミッドウェー作戦に参加させるためです。

山本長官は真珠湾攻撃のあと、宇垣参謀長にそれ以後の作戦計画研究を命じておりましたが、その計画は、ミッドウェー、ジョンストン、パルミラ、ハワイの攻略というものでした。その前に、いわば空いている間に重要な敵の基地セイロンも攻撃しておこうというのが、このセイロン作戦でした。

4月ですから、まだビルマ戡定も完了していないし、陸軍の協力もないのですから、敵に手の内を見せた戦力の誇示ということにしかならなかった、というわけです。

そもそも「腹案」からしたら、ミッドウェー作戦など出てくるはずがないのですから、やはり西亜作戦の本当の目的を理解してはいなかった、ということになります。

今後採るべき戦争指導の大綱（第2段作戦／3月7日）

昭和17年（1942年）3月7日の大本営政府連絡会議で、「今後採るべき戦争指導の大綱」が正式に決定されました。次のようなものです。

1．英を屈伏し米の戦争意欲を喪失せしむるため、引き続き既得の戦果を拡充して、長期不敗の攻勢態勢を整えつつ、機を見て積極的の方策を構ず。
2．占領地域及び主要交通線を確保して、国防重要資源の開発利用を促進し、自給自足の態勢の確立及び国家戦力の増強に勉む。
3．一層積極的なる戦争指導の具体的方途は、我が国力、作戦の推移、独ソ戦況、米ソ関係、重慶の動向等諸情勢を勘案してこれを定む。
4．対ソ方策は昭和16年11月15日決定「対米英蘭蒋戦争終末促進に関する腹案」及び昭和17年1月10日決定「情勢の進展に伴う当面の施策に関する件」に拠る。ただし現情勢においては、独ソ間の和平斡旋はこれを行わず。

5．対重慶方策は昭和16年12月24日決定「情勢の推移に伴う対重慶屈伏工作に関する件」に拠る。

6．独伊との協力は、昭和16年11月15日決定「対米英蘭蒋戦争終末促進に関する腹案」の要領に拠る。

第1項は、陸軍の主張する「戦果を確保し、まず長期不敗の態勢を確立す」の部分を、海軍が主張する「戦果を拡充し」に変え、「機を見て積極的の方策を構ず」を付け加えたものです。すでに、幕僚間でFS作戦、ポートモレスビー攻略が合意された上で作文されたものですが、こういう文言を加えることで、幕僚間の合意の合理化を図ろうとしたものでしょう。また、「腹案」は表向きには尊重された形にはなっていて、無視されたわけでも、否決されたわけでもありません。しかし実質的には、この段階で骨抜きになったと言うよりほかありません。

東條首相は、この大綱を「攻勢戦略か守勢戦略か意味が通じない」と非難したそうですが、首相兼陸軍大臣の東條首相は、この時点では統帥に対する権限を持っておらず、参謀総長、軍令部総長が陸軍、海軍の統帥権を握っていました。したがって、これを覆すことはできなかったのです。しかし形式上は、「大綱」は東條首相、杉山参謀総長、永野軍令部総長の連名となっています。

よく東條首相を独裁者のように言う人がいますが、実際は全く見当はずれです。アメリカのルーズベルト、イギリスのチャーチル、ソ連のスターリン、中国の蔣介石は軍の統帥権も実質握っていましたので、まさしく独裁者でしたが、東條首相は違いました。

「海軍の実力に関する判断を誤れり、しかも海軍に引きずられた。攻勢終末点を誤れり、印度洋に方向を採るべきであった」——東條英機大将

昭和20年（1945年）2月16日、首相を退任していた東條大将は、参謀の種村佐孝大佐にこのように語ったそうです（種村佐孝『大本営機密日誌』芙蓉書房、263頁／『大本営陸軍部戦争

指導班　機密戦争日誌（下）』）。

痛恨の叫びでしょう。東條大将は、「腹案」についてはその本質をかなり理解していたようです。ですから、この叫びが出てきたのでしょう。

たとえば、第1段作戦の中でのラバウル占領です。1月23日に第4艦隊に配属した陸軍南海支隊はラバウルを占領します。その後は海軍陸戦隊に任せて引き揚げるはずでしたが、海軍の要請に負けてそのまま居残りました。

東條首相はこれに対し、戦線の伸び過ぎをもたらすとして大反対しました。塚田参謀次長も同様でした。しかし、海軍の勢いと、シンガポール攻略に海軍航空隊を参加させるという交換条件で認めさせられてしまったということです。こういうところを見ても、東條首相の戦略眼、「腹案」への理解度は、かなり深いものであったことが伺われます。

このラバウル進出とその拠点化があったからこそ、ニューギニアのオーストラリア側にある空軍基地ポートモレスビーを占領するMO作戦などというものが、2月の陸海幕僚合同会議で決まることになったと思われます。したがって、ラバウル進出こそ、その後の暴走の原点、元凶になったと言ってよいと思います。

この時に陸軍参謀本部、そして東條首相が今一歩頑張って阻止してくれたらと思いたくなります。

参謀本部・田中新一作戦部長の危機感

陸軍参謀本部第1部長（作戦担当の部長）の田中新一中将は、翌8日と10日の業務日誌に、7日の決定が恐るべき転換をきたすかもしれないという危機感を記述しています。

3月8日　戦争指導は恐るべき転換を来すかもしれない。海軍の太平洋攻勢作戦が戦争指導の主宰者になる。

3月10日　太平洋の積極作戦は国力速成の根幹をゆるがす。不敗態勢の建設を第一義とする要あり。関東軍の整備尚未完。

戦争終結の方途見出されず。大東亜戦争指導は緒戦の終了と共に岐路に立てり。印度-西亜打通の重視。

また田中中将は戦後、次のように回想しています（防衛庁防衛研究所戦史室『戦史叢書035 大本営陸軍部3　昭和17年4月まで』朝雲新聞社、517〜518頁）。

1　三月七日の連絡会議は、結局、陸海軍の十分な同調を得られぬままに「今後採るべき戦争指導の大綱」を議決することになったものであるといえる。

2　陸軍側の主張は、開戦直前における連絡会議の判断通り、長期戦の見地に立ち、この戦争を戦い抜くため長期不敗の防衛態勢を整えようとするにある。そのため、太平洋正面において今後危険を伴うような大規模な侵攻作戦は抑制し、陸海空戦力を培養して、おおむね昭和十八年以降に予想される敵の大規模攻勢の撃砕に備えるとともに、西太平洋における海上交通の保護を完璧にし、大東亜共栄圏における長期的建設を促進することを優先的に考えるべきであるというにあった。

なおこの間、印度洋地域を重視し、独伊の作戦と呼応し、機を見て印度‐西亜打通作戦を完遂し、戦争終末促進に努めようとした。

3　海軍の主張によれば、大東亜戦争の主作戦は終始一貫太平洋正面にあるとの立場に立ち、戦争終結の道は一に米国の戦意を喪失させるにあるとして、いわゆる早期決戦の構想を堅持し、少なくとも如何なる場合においても、我は攻勢的姿勢を取って敵を守勢に立たせ、敵の反攻拠点を撃破してその反攻の初動を封殺することが絶対に必要であるというのである。

要するに開戦前に予想された太平洋正面における守勢的戦略を今や攻勢的戦略に転換しうべき情勢であるというように帰着する。そしてその方策としては、米国の対日反攻の最大拠点である豪州攻略が強調され、長期不敗の政戦態勢の確立を中心とする陸軍の守勢戦略論と、真向から対立した。

4　「今後採るべき戦争指導の大綱」の一つの「機を見て積極的の方策を構ず」については、陸軍側がこれを戦術的のもの、ないしは作戦の意気込みを表現したものであると解するのに対し、海軍側では、豪州、ハワイ方面に作戦して敵の海軍兵力を撃破し、その反攻拠点を覆滅することまでも、それに包含されるという意向を明らかにした。あとに登場してくるミッドウェー海戦はこうした思想の当然の帰結である。

真珠湾攻撃の成功がすべてを狂わせた

東條首相も、田中陸軍参謀本部作戦部長も、3月7日に決定した「今後採るべき作戦指導の大綱」に対して重大な危惧を感じていたことが、よく分かります。ではなぜ、海軍側が唯一勝てる戦略である「対米英蘭蔣戦争終末促進に関する腹案」を逸脱する作戦を主張するのを阻止することができなかったのでしょうか？　また、海軍の軍令部も当初の基本戦略は「腹案」にも沿う対米守勢という路線でしたが、なぜそれから全く外れた前方決戦の考え方に変わってしまったのでしょうか？

私は、山本五十六連合艦隊司令長官が発案し、反対を押し切って実施した真珠湾攻撃があまりにも劇的な（と当時は思われました）勝利を収めたということが、決定的な役割を果たしたと思っています。その影響力で海軍全体が前方決戦思考となり、また陸軍もその威風の前に流されてしまい、抵抗できなかったということではないかと思います。

つまり、山本五十六という神が生まれたわけです。もちろん日本では、独裁者の個人崇拝というものは生まれにくく、山本長官は独裁者になったわけではありません。しかし、山本長官の権威によって、その主張に逆らうことが上級者でもなかなか難しいという状況が生まれました。ミッドウェー作戦も、軍令部が猛反対したにもかかわらず、これが通らなければ山本長官は辞任すると言っている、と言われて通ってしまったのです。

右記とも関連しますが、もう1つ、真珠湾の成功がもたらした大きな災厄が「勝利病」です。ジェームズ・ウッド教授が日本の敗因の第1にあげたものが、この「勝利病」です。それによって、今こそアメリカを真っ向から叩き潰す好機の到来だ、なにも守勢にこだわる必要などないではないか、という考えが広まり、それが常識化していきました。これこそが、これまでに考えられていた基本戦略から逸脱していった根本原因ではないか、とジェームズ・ウッド教授とともに、私も思っています。

連合艦隊と軍令部が対等になってしまった

山本長官の権威と「勝利病」は、陸軍の作戦参謀にも大きな影響を与え、MO作戦などという、とんでもない拡大作戦に中央協議の場で陸軍参謀が賛成してしまい、その結果ニューギニアでの悲劇を生むことになります。

実は、海軍の中でも山本長官の権威は、海軍組織のねじれというか歪みを生じさせています。そもそも、海軍の統帥権は軍令部総長にあります。軍令部が作戦を立て、その命令に従い、実行部隊である連合艦隊は戦闘をする、というのが組織の原則です。ところが、これまで述べてきた中でもお気づきでしょうが、軍令部と連合艦隊がまるで対等であるかのような関係が生まれてしまったのでした。

次ページの図表12をご覧ください。第1段作戦の終了前後において、軍令部、連合艦隊の作戦構想にどのような違いがあり、また連合艦隊が軍令部の反対を押し切って作戦を実施したのかを時系列で見たものです。

連合艦隊では、早々とハワイ攻撃の計画を立てており、ミッドウェー作戦も当然の作戦となります。軍令部の大反対を押し切って実行したミッドウェー作戦でしたが、ここであの大敗北を喫した責任者の山本司令長官が、軍令部から何のおとがめもなし、というありさまです。普通の国なら、軽くて解任、場合によってはかなり重大な処罰が行われたこと

〔図表12〕 第1段作戦終了前後の連合艦隊・軍令部の作戦構想の軋轢

期日	連合艦隊	軍令部
16.12.09	山本五十六はハワイ・セイロン攻撃の作戦計画研究を参謀に命令	
17.01.14	宇垣纏はハワイ攻撃計画を作成 黒島以下の参謀はセイロン攻撃計画を作成	
17.01.27-28		陸海統帥部米豪遮断研究会・陸海中央協定 東ニューギニア・ソロモン要地攻略
17.01.29		大海指第47号
17.02.09	セイロン、ハワイの順に攻撃を決定	
17.02.20-23	セイロン島攻略の図上演習を実施	
17.02.16-27		陸海軍統帥部作戦課長以下合同研究会 海軍は持久戦略から攻勢戦略へ転換を主張 折衷案としてFS作戦とMO作戦に落着 連合艦隊のセイロン島攻略作戦を否決
17.03.07	〈「今後採るべき戦争指導の大綱」決定。この前に既に攻勢戦略が決められている〉	
17.03.08	セイロン島攻略作戦の否決を知る	
17.03.27	〈ベルリンの日独伊混合委員会で、独伊は日本海軍のインド洋通商破壊戦を要請〉	
17.04.05-09	セイロン島を攻撃	
17.04.10	インド洋の機動部隊に第1段作戦終結指令	
17.05.08	MO作戦に関連して珊瑚海海戦 MO作戦失敗	軍令部は作戦承認
17.06.05	ミッドウェー海戦大敗	
17.06.21	〈北アフリカのロンメル軍が、英軍の要衝トブルクを攻略〉	
17.06.24	第4艦隊、ガダルカナル基地造成を発令	
17.07.07		FS作戦中止とMO陸路攻略決定
17.07.11		軍令部総長と参謀総長がインド洋作戦を上奏
17.08.07	米軍がガダルカナル島を急襲	

でしょう。しかし、神のような権威に対しては、軍令部は何も言うことができなかったのでしょうか。

真珠湾攻撃の戦術的勝利と戦略的敗北

さて、真珠湾攻撃ですが、確かにこの大勝利に日本国民は沸き立ちました。長年の鬱憤が晴れたという思いと、やればできるじゃないかという自信が生まれました。しかし、この自信が「勝利病」を生むことになり、むしろ弊害をもたらしたのでした。

友人の口石《くちいし》修《おさむ》氏は、山本長官の指揮した、あるいは関わった戦いのそれぞれについて、「戦術的勝利」と「戦略的敗北」という観点から評価した文章を書いています。真珠湾については、次ページの図表13の通りです。

戦術的には間違いなく大勝利です。しかし、これはあとになって分かったことですが、戦艦5隻撃沈、1隻中破にもかかわらず、廃艦となったのは2隻のみで、ほかはみな浮揚修理されました。

〔図表13〕 **真珠湾攻撃の戦術的勝利と戦略的敗北**

目的	米国海軍および米国民をして救うべからざる程度にその志気を沮喪せしむる 山本長官の独断を軍令部が追認、政府・陸軍・外務省との調整なし
戦術的勝利	正規空母6隻で奇襲、戦艦8隻中5隻撃沈（擱座を含む）・中破2隻・小破1隻 ただし廃艦はアリゾナとオクラホマの2隻のみ、6隻は浮揚修理
戦略的敗北	山本長官の目的・意図に反し米国民の戦意を猛烈に高揚させた 石油タンク無傷：450万バレルの重油を貯蔵、数カ月間の作戦行動が可能 工廠施設無傷：沈没した6隻の戦艦を修理、艦砲射撃に活躍。珊瑚海海戦で大破した空母ヨークタウンを応急修理 付近海上にいた空母エンタープライズに対する第2撃を実施せず、米機動部隊は健在

口石 修「山本五十六と帝国海軍（戦術的勝利と戦略的敗北）」より

そして、戦略的にはむしろ敗北であったと、いくつかの理由を挙げています。石油タンク、工廠施設を破壊しなかったために、真珠湾はしばらくして機能を再開して反撃を開始しています。しかし、より重要なことは、そもそも攻撃の目的は「米国民をして救うべからざる程度にその士気を沮喪せしむる」であったのですが、これが完全に裏目に出たことです。ルーズベルトの巧みな宣伝に徹底的に利用され、85%ものアメリカ人が戦争反対だったのが、ほぼ全員が「ジャップをやっつけろ！」と叫ぶような、対日戦の戦意高揚が実現してしまいました。

アメリカに行ったからってアメリカのことが分かるわけではない！

山本長官はアメリカ駐在経験があり、アメリカ通であると、本人も周りも思っていたようですが、実際にはなんにもアメリカ人のことが分かっていなかったということです。このくらいやられたぐらいで意気阻喪するような国民ではないということが、分かっていなかったのですね。

むしろ、「リメンバー・アラモ！」「リメンバー・メイン！」と復讐戦に打って出るのがアメリカ人気質である、ということを全く知らなかったのです。あまりにもおそまつではないでしょうか。

いや、宣戦布告の遅れが悪いのであって、山本長官のせいではない、という見方もあるかもしれません。しかし、もしアメリカ人の気質、そして戦争反対の世論の力、ということを本当に理解していたのなら、ギリギリの時間に宣戦布告を行うなどという姑息なことではなく、外務省と十分に協議をして、遅れなど万が一にも生じないようにすべきだったのではないでしょうか。

それに対し、いや、あれは奇襲だから十分な時間を取った宣戦布告ができなかった、というのであれば、バクチ的な奇襲ではなく、堂々とフィリピン攻撃を行うべきだったでしょう。第3章でのシミュレーションで確かめましたように、この方がはるかに有利な戦況を生み出すことになります。

前述の田中新一中将の回想録にも、海軍は「戦争の終結の道は一に米国の戦意を喪失させるにある」という考えで前方決戦を進めたとあります。つまり、山本長官の誤ったアメリカ人に対する判断を、海軍はそのまま踏襲していたわけです。

山本五十六スパイ説について

真珠湾作戦にしろ、ミッドウェー作戦にしろ、ガダルカナル作戦にしろ、日本が負けるように負けるように山本五十六は進めていった。結果的にそう言えることから、山本五十六はアメリカのスパイだったのではないか、ということを本気で言う人が少なくありません。

驚いたことに、あの『日米開戦　陸軍の勝算：「秋丸機関」の最終報告書』という画期的な本を書いた林千勝氏まで、「山本五十六はアメリカのスパイであったという説もあります。筆者はこれを否定する材料を持ちません」と書いているのです（同書218頁）。

まず第1に、真珠湾にしろ、ほかの作戦にしろ、当時これらは誰も間違った作戦だと思っていませんでした。ここのところが大切です。

今になってみると、これが決定的な敗因ではないか、という見方ができるのですが、当時はそうではなかった、ということを、まず確認しておくべきです。国民が熱狂的に支持した作戦だったことは確かなのです。

少し横道にそれますが、次にスパイというのは、基本的には3つの動機があってなるものではないかと思います。1つは、金銭などの利益目的です。2つめは、脅されてというものです。3つ目は、イデオロギー的な確信犯です。ゾルゲ事件の尾崎秀実のように、日本を戦争に巻きこむことによって、大陸で日本を消耗させ、ソ連が打撃を与え、日本国内に敗戦革命を起こすことを狙ったスパイ活動が、その例です。この筋書きで動いていたことは、尾崎が裁判で堂々と主張しています。敗戦革命を狙うのはコミンテルンの基本戦略であり、確信犯の尾崎はそれを自信を持って進めていたのでした。

スパイ説や陰謀論は「思考停止」の決めつけである

まず、山本長官が金銭目的でスパイをするなど、動機も含めて問題外のことですので、1つ目の理由はありえないことになります。

2つ目の「脅し」ですが、ハニートラップに引っ掛かった、という理由も全くバカバカしい限りです。引っ掛かった可能性がゼロとは言えないでしょうが、しかし、それがどうしたというのでしょう。そんなこと、特に当時の社会風潮を考えれば、山本のような地位の人に対する脅しになりますか、と言いたいですよね。

こんなことに脅されて、日本の連合艦隊の諸作戦を日本が負けるように進めていく、などということがあり得るでしょうか？　何も自分ひとりで作戦を進めているわけじゃありません。これもバカバカしい理由で問題外です。

３つ目ですが、山本長官がコミンテルンの手先であったことは、その思想背景からしてあり得ません。またそれをにおわす話もありません。いや、彼はフリーメーソンのメンバーだったではないか、という人がいるかもしれません。その可能性はあります。

しかし、フリーメーソンは上流階級の国際的な社交クラブ的なものとして広がっていて、日本のかなりの有名人も参加していました。それに、この会には厳格な命令系統などは存在していません。そういう組織では、コミンテルンのような謀略は実行できません。

山本が、このフリーメーソンの思想の狂信者であって、なんとしても日本を滅ぼそうとして、フリーメーソンのスパイになったとでも言うのでしょうか？　そんな傍証は皆無ですので、これもバカバカしい限りです。

こういうスパイ説、陰謀論の問題点は、ことの本質を追求していくというまともな努力、研究を放棄してしまい、「スパイ」「陰謀」と決めつけることによって、それ以上の思考を行わず、ことを、そこで何か問題が解決したような気にさせてしまうところにあります。要するに「思考停止」です。

同じようなよくあるケースでは、ＮＨＫや朝日新聞などの偏向の原因を「在日」が潜り込んでいることに求める俗論です。こんなことによって、ことの原因が「分かった気」になるのは「思考停止」以外の何物でもありません。それでは一向に、ことの真相には迫れません。一利もない「低級思考」と言うべきです。

山本五十六が戦略論を欠いていたことが本当の理由

山本五十六は海軍の開明派エリートとして知られています。伝統的な巨艦巨砲主義から航空優先の考え方をリードした先覚者のようにも言われています。

確かに海軍の戦闘ということに関しては、抜きん出た認識・戦術知識・運用能力を持っていたのかもしれません。しかし、戦略的な考え方ということになると、実は大いに問題があるのです。

前出の図表13で、真珠湾攻撃の戦術的勝利と戦略的敗北を判定しましたが、その他10件の山本長官が関わった作戦についても、口石論文は検討しています。そこからは、戦術的勝利はかなりあるものの、戦略的敗北が圧倒的に多いことが分かります。

昭和18年（1943年）4月7日〜14日に実施された「い号作戦」[2]は、山本長官が指揮する最後の作戦となりました。ラバウルからガダルカナルへの航空攻撃は、基地航空190機と空母の母艦機160機を陸揚げし、合計350機で行われました。

2　「い号作戦」とは、日本海軍が1943年4月7日から15日にかけて、第11航空艦隊と第3艦隊所属の艦載機により、ガダルカナル島やニューギニア島南東部のポートモレスビー、オロ湾、ミルン湾に対して空襲を行った作戦である。

そもそも空母は、遠方にある敵拠点の近くに航空機を集中させるためにあるのですが、この母艦機を陸揚げして基地航空と一緒に使うという戦略眼は、大いに疑問です。母艦機の乗員は通常の飛行兵にはない技術を持っているのに、それを一緒に使うということは、無駄使いの最たるものです。実際その後、母艦機の搭乗員不足が深刻化していきます。

それと、当時はこちらのほうが空母をたくさん持っていたのに、なぜこのとき空母を使わなかったのでしょうか。

「ガダルカナルに陸軍兵力5個師団を一挙投入すること」

元海軍軍令部参謀の吉田俊雄氏が書いた『日本帝国海軍はなぜ破れたか』（文藝春秋）の中に、ガダルカナル戦に際して山本五十六長官は、中央に次の意見具申を打電させたと書かれています。

> 来るべき彼我の遭遇戦には第1段階作戦のときと同様、陸海軍とも十分の兵力を整え、気を揃えて立ち向かう必要があること。
> 陸軍兵力を最初から精鋭5個師団程度、一挙に投入すること。（傍線筆者）

5個師団を?!　全力で敵に当たるのはいいですが、ガダルカナル島に上陸した米軍は、海兵隊1個師団です。何でも多ければいいというものではないでしょう。何を寝言を言ってるんだと言いたくなるような、幼稚な暴論ではないですか。しかも、地図をよく見てください。ガダルカナル島は、戦争の行方を決するような「戦略的な要地」なんですか？これを「戦略的な要地」と認識するとしたら、よほどの戦略音痴と言ってもよいのではないでしょうか。つまりその程度、というより、かなりひどい戦略眼しか山本長官は持っていなかったということになります。つまりは、こうした驚くべき事実を、この具申電は暴露しているということではないかと思います。

補給のことを少しでも考えていたのか？

3章Ⅰの2でも「戦力は根拠地から戦場への距離の2乗に反比例する」の実例としてガダルカナル戦を取り上げました。そして、これは結局は補給の問題であり、攻勢終末点の問題であるということを説明しました。

ガダルカナル島には、ようやく2個師団約3万を上陸させましたが、重火器、食料はほとんどまともに陸揚げできませんでした。その結果、5千が戦闘死、1万5千は餓死、

1万がかろうじて撤退できたものの、まるで幽鬼のような様での帰還でした。ラバウルから1000キロ、敵の勢力圏への輸送・補給は大変なことだということを「距離の2乗」の原則は厳然と示しています。

この、補給ということに対する認識が少しでもあれば、ガダルカナル島への5個師団の輸送がどれほど困難であるか、理解できたはずですが、それでも5個師団を一挙投入などと言うのです。つまり、この人の認識は全くの素人と同じく、皆無であったということではないでしょうか。世界規模での戦争となると、輸送・補給ということが戦略上の鍵となるのですが、すなわち、その認識がほとんどなかったということになります。

だからこそ、ミッドウェー島攻略といった戦法が、ごく当然のことのように思い浮かぶわけです。もし占領できたとして、その補給はどうするのか、ということに思い至らない思考法なのですから。そして、相手の補給を断つ作戦など、さして重要と考えないわけです。言ってみれば、唯一戦闘主義という素朴な戦争観しか持っていなかった人物、と言っても過言ではないと思います。

山本長官が基本戦略を狂わせたのは、何もスパイだったからでも何でもなく、戦略的思考という面で大きく欠ける点があったからなのです。しかも、これは山本長官に限らず、日本海軍にほぼ共通する思考の欠点でもありました。もともと海軍は、必要な物資は船にすべて積んでいき、戦闘が終われば帰ってくるというわけですから、補給ということが大きなテーマにならないのも無理はないと言えるのかもしれません。しかし、それだけに「攻勢終末点」は厳守しなければならないのに、これを意識しないのでは困ります。

陸軍はなぜ海軍に追随してしまったのか？

すでに述べましたように、2月16日、27日には陸海軍統帥部の作戦課長以下大部分の課員が会同して合同研究会が行われ、陸軍側は「腹案」に基づく第2段作戦を主張したのに対して、海軍側は敵の反攻要地を撃滅する前方決戦を主張し、ほぼ海軍側の主張が通った形になりました。

ニューギニアのオーストラリア側の基地ポートモレスビー攻略も合意され、結局はこれがニューギニアの底知れない泥沼に陸軍が足を突っ込む理由になりました。ガダルカナルの敗北と大消耗戦は海軍が引き起こした戦いですが、それもこの合意があればこそです。もちろんその根本は、時期も状況も考えずに、ガダルカナルに航空基地建設を進めた海軍に責任があるのですが。

この、言わば下僚の合意が、3月7日の大本営政府連絡会議の正式決定「今後採るべき戦争指導の大綱」となるのですが、先述のように、これには東條首相も、田中作戦部長も非常に危惧していました。しかし危惧していても、作戦課長以下が合同会議で同意してしまっているので、どうにもならなかったというのが実態です。そしてその危惧は現実の事態となって、「腹案」とは似ても似つかない戦争へと向かっていったのでした。

ではどうして、陸軍の幕僚下僚は海軍に追随していったのでしょうか。そのことをもう一度、考えていきましょう。

これまでに触れましたが、陸軍も「腹案」についての理解がイマイチであったのが、その1つです。次に、何といっても真珠湾攻撃の劇的な大戦果に圧倒されたということです。確かに陸軍も、マレー半島に上陸し一気にシンガポールに向かって進撃し、2月15日にはシンガポールを陥落させます。戦略的に言えば、シンガポール陥落は、真珠湾の戦果などの数倍の価値があるのですが、華やかさでは劣ります。

軍艦マーチとともに、華々しい戦果が大本営海軍部から発表され続けました。これには陸軍のものとは比較にならないくらいのインパクトがありました。一般庶民が熱狂的に海軍の健闘を支持したことは、言うまでもありません。

そうなると、第2段作戦は守勢をベースとして不敗の態勢を整える、という主張は、いかにも消極的な印象を与えます。そのために陸軍の幕僚も、どうしても景気のいい海軍の前方決戦的な主張に同調していった、ということではないかと思います。やはり、前述の通り、山本長官の真珠湾での偉業とその威光の持つ影響力は大きかったのです。

海軍の誇大戦果発表

真珠湾の大勝利、マレー沖ではイギリスの戦艦プリンス・オブ・ウェールズとレパレスを海軍航空機だけで撃沈するなど、海軍には華々しい戦果がありましたが、その後に発表される「大戦果」は、だんだんと誇大戦果になっていきました。しかも誇大戦果ですから、ますます景気が良いものになるので、陸軍側も、何とかこれに対抗しようと、積極作戦にはまっていってしまいました。

180ページからの図表14は、12ほどの海戦について、「大本営海軍部発表」[3]の数字が、実際のものをどのくらい誇大に発表していたかをまとめたものです。ただ、海戦は広大な海で戦いますので、敵艦船の撃沈、撃破について正確なところを把握するのは、かなり難しいという事情があります。また、航空機となると、より広い範囲にわたって高速で移動するので、戦果の把握はより難しくなってきます。

3　よく、あてにならない誇大発表の例えとして「大本営発表」という言い方が使われます。しかし、正しくは「大本営海軍部発表」です。陸軍部発表は、それほどひどい誇大発表をしていませんでした。ですから、一概に「大本営発表は信頼できない誇大発表」と決めつけるのは、どうかと思います。

とはいえ、より正確な戦果把握をする能力が指揮官の技量の一つですので、これが低下すると、徐々に甘い戦果把握になります。またどうしても、より高い戦果を誇りたいという心理もあるので、戦果が大きめになるのは避けられないという事情もあります。

さらに、一度大戦果の発表をしてしまうと、その後の戦果がそれに劣らないものであるのが当然、ということで、パイロットから上がってくる戦果を厳しく精査せずに正式な戦果として発表してしまう、ということがあったようです。

それでも、図表14をご覧いただきますと、さすがに戦果の誇大がひどすぎることが否めないと思います。また、意図的な誇大戦果がだんだん多くなっていくことも見て取れます。しかし連合艦隊参謀長の宇垣纏《まとめ》少将は、『戦藻録』[4]の中で「ガ島の奪回をめぐりて艦隊は、屡次《るじ》（たびたび）偉効を奏せり」「墜としても墜としても、持ってくる。困った事なり」と書いているように、「大戦果」を信じていたようなのです

4　宇垣纏『戦藻録　宇垣纏日記（前篇）』小川貫璽・横井俊幸：共編、日本出版協同、1952年。『戦藻録　宇垣纏日記（後篇）』小川貫璽・横井俊幸：共編、日本出版協同、1953年。

〔図表14〕海軍の誇大戦果発表（「大本営海軍部」発表）

1：珊瑚海海戦（17.5.7〜8）〔ポートモレスビー攻略作戦〕

	発表		実際	
	撃沈	撃破	撃沈	撃破
空母	2	0	1	1
戦艦	1	2	0	0
重巡	1	1	0	0
軽巡	0	1	0	0
駆逐艦	1	0	1	0
給油船	0	1	1	0
航空機	98（撃墜）		69（撃墜）	

2：ミッドウェー海戦（17.6.4）

	発表		実際	
	撃沈	撃破	撃沈	撃破
空母	2	0	1	0
重巡	1	0	0	0
駆逐艦	0	0	1	0
航空機	150（撃墜破）		150（撃墜破）	
〔日本側の被害〕				
空母	1	1	4	0
航空機	35（撃墜破）		322（撃墜破）	

3：第1次ソロモン海戦（17.8.7）〔ガダルカナル奪回作戦〕

	発表		実際	
	撃沈	撃破	撃沈	撃破
重巡	8	1	4	1
軽巡	4	0	0	0
駆逐艦	9	3	0	1
潜水艦	3	0	0	0
輸送船	10	3	0	0
航空機	58（撃墜）		21（撃墜）	

4：南太平洋海戦（17.8.25～10.26）
〔第2次ソロモン海戦・サンタクルーズ諸島戦〕

	発表		実際	
	撃沈	撃破	撃沈	撃破
空母	3	0	1	1
戦艦	1	0	0	1
巡洋艦	3	3	0	0
駆逐艦	1	3	1	1
航空機	200（撃墜）		74（撃墜）	

5：第3次ソロモン海戦（17.11.12～14）

	発表		実際	
	撃沈	撃破	撃沈	撃破
戦艦	0	2	0	1
重巡	0	0	0	2
軽巡	8	3	0	0
駆逐艦	5	4	7	2

6：レンネル島沖海戦（18.1.29～30）

	発表		実際	
	撃沈	撃破	撃沈	撃破
戦艦	2	1	0	0
巡洋艦	3	1	1	0
駆逐艦	0	0	0	1

7：い号作戦（18.4.7～15）

	発表		実際	
	撃沈	撃破	撃沈	撃破
巡洋艦	1	0	0	0
駆逐艦	2	0	1	0
コルベット艦等	0	0	1	1
輸送船	19	8	2	2
航空機	134（撃墜）		25（撃墜）	
〔日本側航空機の消耗：61機〕				

8：ブーゲンビル島沖航空戦（18.11.5～12.3）

	発表		実際	
	撃沈	撃破	撃沈	撃破
空母	5	2	ほぼ0	ほぼ0
戦艦	1	2	ほぼ0	ほぼ0
巡洋艦	4	5	ほぼ0	ほぼ0
駆逐艦	2	2	ほぼ0	ほぼ0

9：ギルバート諸島沖航空戦（18.11.19～29）

	発表		実際	
	撃沈	撃破	撃沈	撃破
空母	7	4	ほぼ0	ほぼ0
戦艦	0	1	ほぼ0	ほぼ0
巡洋艦	2	2	ほぼ0	ほぼ0
駆逐艦	2	1	ほぼ0	ほぼ0

10：マリアナ沖海戦（19.6.19～20）

	発表		実際	
	撃沈	撃破	撃沈	撃破
空母	1	4	0	2
戦艦	1	0	0	2
	日本の損害		アメリカの損害	
空母	3沈没　4小中破		2小破	
戦艦	1小破		2小破	
巡洋艦	1小破		2小破	
航空機	476喪失		130喪失	

11：台湾沖航空戦（19.10.12～16）

	発表		実際	
	撃沈	撃破	撃沈	撃破
空母	11	8	0	0
戦艦	2	2	0	0
巡洋艦	3	4	0	2
巡洋艦or駆逐艦	1	1	0	0
艦種不明	0	13	0	0

12：フィリピン沖海戦（19.10.24～26）

	発表		実際	
	撃沈	撃破	撃沈	撃破
空母	8	9	3	1
戦艦	0	1	0	0
巡洋艦	4	2	0	1
駆逐艦	4	3	3	0
航空機	500（撃墜）		125（撃墜）	

山本長官が最後に指揮した「い号作戦」も、巡洋艦など1隻も撃沈していないのに撃沈したようになっていますし、輸送船の19隻撃沈も、実際は2隻でした。ひどいのは、航空機134機撃墜と発表していながら、実際は25機、つまりほとんど戦果はなかったのです。それが大勝利と信じられ、天皇陛下からご嘉賞をいただき、それを前線の兵士に伝えて士気高揚を図ろうと出かけたところを、待ち伏せ攻撃にあって戦死したのでした。まさに、自らの甘い戦果確認の責任を取ったかのようでした。

ミッドウェー戦に至っては、味方の空母が4隻撃沈されたにもかかわらず1隻と発表され、航空機322機を失ったにもかかわらず35機と、10分の1にしてしまっています。これが、一般国民の士気を落とさない配慮のためだけならともかくも（それもひどすぎますが）、陸軍にも真相を伝えず、この数字しか伝えていないのです。陸海軍の統帥権がそれぞれ独立していますので、海軍は陸軍に対する報告義務がなく、こうしたことが起こったのです。

こうした誇大戦果を、戦争末期は別にして、陸軍の幕僚がほとんど疑っていた形跡がありません。そのため、次々に発表される海軍の大戦果に煽られて陸軍も前方決戦主義に巻き込まれていきました。参謀の辻政信中佐に至っては、「陸路ポートモレスビーを攻略する作戦に関し、現地海軍と共同して速やかに研究すること」という参謀本部からの命令を、調査結果も出ていない段階で勝手に攻撃命令にして出す始末です。

あのゼロ戦の、撃墜王で有名な坂井三郎は、次のように証言しています。

> 我々は何度もその地域を偵察したが、とても部隊の進撃路のようなものはなかった。その旨を報告したが、25航戦の参謀は（1車線の進撃路あり）と嘘の報告をあげたのである。（佐藤晃『帝国海軍が日本を破滅させた（下）』82〜83頁）

結局は、陸海が共謀して前方決戦に突き進んだ、ということのようです。

誇大戦果発表の頂点――台湾沖航空戦

誇大戦果発表の頂点とも言うべきケースが、昭和19年（1944年）10月12日〜16日に戦われた台湾沖航空戦です。空母11隻撃沈、戦艦2隻撃沈、巡洋艦3隻撃沈という大戦果の発表に、国民は沸き返りました。しかし、空母はおろか戦艦も巡洋艦も撃沈ゼロというのが、実際のところでした。しかもこの「大戦果」を、陸軍の参謀はこの期に及んでもまだ信じていたのです。

この大戦果により、敵の機動部隊は撃滅されたはずだ、と判断した陸軍参謀本部は、ルソン島決戦という、これまでの戦略の大転換を図るのです。そして、このルソン島決戦作戦に備えて、兵力配置、要塞構築、飛行場整備などを行ってきた第14方面軍司令官に対し、それをレイテ島決戦に転換せよと命令します。山下奉文《ともゆき》軍司令官は断固反対しますが、かなわず、急遽レイテ島決戦転換のための軍移動を行います。

しかし、移動中に攻撃を受けるし、陣地の構築はできないし、戦力は弱体化し、大敗北となります。何よりも、敵の機動部隊は壊滅どころか丸々健在だったのですから、そこからの強力な航空攻撃を受けました。

あれだけ、あとから見たらおかしな戦果発表だったのです。これまでのこともあるのに、どうしてこれは本当に確かなのかと疑ってみなかったのか、誠に不思議な話です。しかし、これが現実でした。

統帥権干犯問題

統帥権の独立というのが日本の明治憲法体制の一つの大きな特徴でした。しかしこれは、長く続いた武士支配の時代から脱却するために、軍事を諸勢力の支配介入を受けないようにしなければならないという明治憲法作成時の時代状況から生まれたもので、別に日本の伝統でも何でもありませんでした。

これも「既成概念」支配の一例ですが、あたかも天皇の絶対権の象徴であるかのような思い込みが広がっていたようです。統治権の中の行政権も統帥権も、究極的には、天皇に帰します。しかし実際には、行政権は首相以下の大臣が補佐して実務を行い、最終権威として天皇がこれを裁可するのです。統帥権も同じです。何ら異なることはありません。

本当は、この二つを切り離さない方式を、時代の進展に従って作り出すべきだったのです。しかし何か、不磨の大典は変えてはいけないとか、統帥権の絶対性といったことは疑うべからざるものであるかのような考えが「既成概念化」してしまったのでした。

そして、昭和5年（1930年）、「統帥権干犯問題」[5]という事件が起きます。この実態は、海軍内での全般管理と行政を担当する海軍省と、軍令を担当する軍令部の争いに過ぎませんでした。ロンドン海軍軍縮条約に対し、日本政府は対米7割を主張し、海軍省も承諾して0・675で妥協したのに対して、軍令部が不満を持ち、帷幄《いあく》上奏するという争いになったものです。

5　ロンドン海軍軍縮条約の締結をめぐる政治的紛争。1930年1月に開かれたロンドン軍縮会議では、難航の末、3月13日に日米妥協案が成立した。全権からの請訓に対し、海軍軍令部長・加藤寛治大将らは当初要求していた三大原則がいれられていないとして決裂を主張したが、浜口雄幸首相は岡田啓介大将らの協力を得て、一応、軍令部側の同意をとりつけ、受諾を回訓し、4月22日条約は調印された。しかし加藤は海軍の作戦に欠陥が生ずる旨を天皇に帷幄上奏し、23日開会された第58特別議会では、野党の政友会が、政府が軍令部の意見をいれずに条約に調印したのは統帥権の侵害であると非難を加え、右翼も政府をはげしく攻撃した。

兵力量の決定は天皇の編成大権なので、陸海軍大臣が天皇を輔弼《ほひつ》します。つまり、陸海軍省の管轄です。それを、作戦に欠陥を生ずるから、統帥権を担う軍令部の管轄だと言い出したわけです。これまでの慣例を無視してまで。

しかし結局は海軍内の争いに過ぎず、天皇の大権とは本来関係ありません。天皇がこのことで、統帥権が干犯されたと不満をもらされたこともありません。つまり、自己の主張を通すために何となく「既成概念」化している天皇の大権を持ち出してきたのです。自己主張のために天皇の大権を持ち出すなど、ある意味では不忠きわまりないことだと思います。これを政府対統帥権、政府対天皇大権といった解釈をするのは、見当はずれもいいところです。

余談ですが、天皇、軍、政府の関係で、私には今でも理解できないことが一つあります。それは、陸海軍大臣現役武官制に関することです。山本権兵衛内閣のときに廃止されたこの制度が、広田弘毅内閣で復活しました。これにより、首相候補から陸海軍大臣に指名された者でも、軍の気に入らないと拒否できるようになったので、軍の政治支配が進んだというのです。

しかし、天皇陛下の大命降下によって首相候補が決まるのです。その天皇の意を受けた首相の人選を拒否するなど、不忠きわまりないことではないかと思うのですが、どうしてこんなことが当たり前のようにまかり通っていたのでしょうか。あくまで余談ですが、何か、一度できあがった既成概念の思い込みということで、統帥権の異常肥大と類似したところがありそうです。

陸海軍の統帥権の分立に基本的な問題があった

大本営政府連絡会議で正式決定した「対米英蘭蒋戦争終末促進に関する腹案」が、なぜ守られないで、似ても似つかぬ戦争になっていってしまったのかについて、ここまでいろいろと考察してきました。これらの事由には、すべてそれなりの根拠があります。しかし、もっと基本的なところに大きな問題が潜んでいるのです。

それは、「大本営」も「大本営政府連絡会議」も、その決定事項の実行を命令する権限者が不在である、ということです。「大本営」は、陸軍統帥部である参謀本部と、海軍統帥部である軍令部との連絡会議であり、この決定事項を実行命令する人はいません。このため陸軍、海軍は、それぞれ決定事項を自分たちの都合の良い解釈で実行したり、場合によっては実行をサボったりするということが起こるのです。さらに、陸海それぞれに別の統帥権がありますので、それぞれが天皇に報告するという形でした。

統合命令者として天皇がいるではないか、と思うかもしれませんが、天皇はあくまでも最終的な承認の権威者としての存在であり、具体的あるいは機能的にあきせいこうせいと命令を下す存在ではないのです。そこのところを誤解している人が多いようですが、天皇は独裁的な絶対君主などではありませんでした。「大本営政府連絡会議」は大本営に首相と政府中枢が加わったもので、やはり「連絡会議」でした。

政府が統帥に関与していなかったのは明治憲法の大きな欠陥だと思いますが、それよりも問題なのは、陸軍と海軍の統帥権が独立して分立していることです。よく陸軍と海軍はものすごく仲が悪いと言われますが、仲良しクラブの話ではないのです。戦争を行うときに命令権がどうなっているかが重要な問題なのです。

実は、明治憲法体制下でも、日清戦争のときは戦時大本営条例で、陸軍参謀総長が海軍軍令部長も指揮下に置くということになっていました。つまり陸軍参謀総長が陸海の統合命令権者でした。この体制に不満をもつ山本権兵衛[6]という海軍の実力者が、日露戦争のときに、陸海同等に改めるという案を通してしまいました。それでも日露戦争のときは、いわゆる元老が陸海の統合を助けましたので、大きな問題は起きないで済みました。

6　薩摩出身の海軍の実力者。海軍大将。海軍大臣（第11・12・13代）、内閣総理大臣（第16代・22代）、外務大臣（第37代）などを歴任した。

しかし大東亜戦争では、これまで見てきたように、陸海を統率する統合幕僚長のような存在がなかったために、統一して命令を下すものが不在であり、そのために、本来の戦略を推進していくことに失敗してしまったのでした。

前にも言いましたが、アメリカのルーズベルト、イギリスのチャーチル、ソ連のスターリン、中国の蒋介石は、陸海政を合わせて実権を振るえる独裁者でした。しかし日本は、独裁者不在どころではなく、陸海の統合者すら不在だったのです。

サイパンはなぜ簡単に陥落してしまったのか

ではここで、陸海軍の統帥権分立の弊害の一例をご紹介しましょう。サイパン島はマリアナ諸島で最も大きな島で、マリアナ防衛の要でした。また本土防衛でも死守すべき最前線の要地でした。第3章で石原莞爾が、ＵＰ通信、ＡＰ通信の記者に語った言葉を再掲載します。

本土周辺及びサイパン・テニヤン・グアムの南洋諸島を一切難攻不落の要塞化し、何年でも頑張りうる態勢を取ると共に、外交では支那事変（日中戦争）解決に努力を傾注する。

特にサイパン防衛には万全を期し、ここは断固確保する。これで米軍の侵入は充分防げた。米軍はサイパンを確保しなければ、日本本土への爆撃は困難であった。

では、サイパンの防御はどのくらい進んでいたのでしょうか？　サイパン防衛の命を受けた第43師団主力が上陸したのは、敵の上陸作戦の約半月前でした。

マリアナを調査した陸軍の築城専門家が「マリアナの防備無きが如し」と報告しているように、先にいた海軍陸戦隊は、陣地らしきものを全く作っていませんでした。そこで急遽、陣地、要塞の構築に取り掛かりますが、いくらもそれが進まないうちに敵の攻撃を受けてしまいました。

航空攻撃、艦砲射撃に援護された米陸軍部隊の上陸の前に勇戦敢闘するも、とても支えきれません。敵の上陸から21日後の昭和19年（1944年）7月6日に、サイパン守備隊は玉砕しました。

陸海軍統帥権分立のもと、太平洋は海軍の縄張りとなっていました。したがって、陸軍は海軍の要請があって初めて太平洋の島に軍を送れるのです。そもそもマリアナの最重要拠点、そして本土防衛の要衝であるサイパンの要塞化は、第1段作戦後半から取り組むべきものでしょう。しかし海軍はそれを無視して、もっぱら外郭前進拠点攻撃に向かっていました。

それにしても、奇怪な話なのは、東條首相はサイパン陥落の責任を取らされて辞任しましたが、その東條内閣倒閣を主導したのは海軍の長老連中だというのですから、おかしな話です。自分たちの責任などには思い至らなかったのですね。

「絶対国防圏強化構想」が決定したにもかかわらず

さらに、全般的な戦況が悪化してきた昭和18年（1943年）9月25日、「絶対国防圏強化構想」が大本営政府連絡会議で決まりました。戦線を縮小し、防備を固めて反撃しようという構想です。

この方針によれば、サイパン、テニアン、グアムなどの南洋諸島を、早急に難攻不落の要塞化しなければならなかったはずです。しかし、海軍は全くその対策を取らず、陸軍にその要請もしなかったので、昭和19年3月には陸軍の先遣隊は上陸していましたが、主力部隊のサイパン上陸は6月過ぎでした。

つまり絶対国防圏強化構想決定から1年間もあるのに、やるべきことをやっていなかったということです。別に、時間がなかったわけではないのです。

かくして、わずか20日ほどでマリアナ最大の要衝サイパンは陥落してしまいます。

では、サイパン島がもし石原の言うように難攻不落の要塞化されていたら、どうだったのでしょうか？　時間は1年間もあったので、それは十分に可能でした。

そうしていた場合、サイパンの攻略がどれほど困難になるのかを示唆する例があります。実例は3つほどあります。ビアク島、ペリリュー島、硫黄島です。

ビアク島

ビアク島はニューギニアの西端からフィリピンに向かう要衝の島です。ニューギニア沿いに軍を進めてきたマッカーサー軍が、昭和19年（1944年）5月27日、ビアク島に上陸します。

日本軍守備隊は葛目《くずめ》直幸大佐が指揮する22連隊基幹の1万です。敵の上陸まで、たまたま5カ月の余裕があったのを活用して「拠点式縦深地下陣地」の要塞化を図ります。そこに猛烈な砲爆撃を加えて、1個師団半（約3万）の米軍が上陸しました。しかしアメリカ軍は橋頭堡すら作りえず、海上に去って再攻撃を図ります。マッカーサーは指揮官をハルからアイケルバーガーに代えて再上陸を行いますが、葛目部隊は7月1日に玉砕するまでの1カ月余、島を守り抜いたのでした。

ペリリュー島

ペリリュー島はパラオの南部にある島で、海軍が航空基地を持っていました。フィリピンを狙うニミッツはこの飛行場を狙って攻撃してきました。水戸第2連隊長の中川州男《くにお》大佐率いる約1万の守備隊は、大敢闘しました。

上陸してきた2万の第1海兵師団を撃退し、代わって上陸してきた陸軍1個師団と激戦71日に及びました。2〜3日で片付くと豪語していたアメリカ軍は、太平洋で最大の難敵と遭遇したのでした。この71日間の組織的抵抗が終わったあとも、遊撃隊は戦後まで戦い続けました。

なぜこれが可能であったかというと、中川大佐が約4カ月の期間に島の要塞化を図ったからです。これが要塞化の威力です。面積が約13平方キロ、最も高い山が50メートルという条件下で、これだけの戦いを行える要塞を作ったのです。

敵将のニミッツ元帥は日本軍の敢闘を称える詩を作ったことでも有名です。英文原文と日本語訳は図表15のとおりです。英日の詩碑が、ペリリュー島に建てられています。

硫黄島

サイパン島から日本本土を爆撃するＢ29の護衛戦闘機の発着飛行場が必要なため、アメリカ軍は硫黄島の奪取を狙って昭和20年（１９４５年）２月19日、上陸を開始しました。迎え撃つ栗林忠道中将率いる陸軍１万３千と７千の海軍部隊は「拠点式縦深陣地」を利用して徹底抗戦を行い、１カ月と８日にわたる戦闘で、日本軍の損害を上回る損害を敵側アメリカ軍に与えた末に玉砕しました。

これが可能だったのは、前年６月に小笠原方面最高指揮官として赴任した栗林中将が、それまでの水際防御方式から地下坑道式の要塞化を決定し、それを進める時間があったからでした。

硫黄島はペリリュー島の２倍ほどの24平方キロの面積で、１７０メートルの山がありますが、地下坑道化が非常に困難な火山性の島でした。それでも要塞化を図ると、これほど

〔図表15〕ニミッツ元帥の詩碑

TOURISTS FROM EVERY COUNTRY WHO VISIT THIS ISLAND SHOULD BE TOLD HOW COURAGEOUS AND PATRIOTIC WERE THE JAPANESE SOLDIERS WHO ALL DIED DEFENDING THIS ISLAND PACIFIC FLEET COMMANDER IN CHIEF (USA) C. W. NIMITZ (BUILT NOV. 24, 1994)	諸国から訪れる旅人たちよ この島を守るために日本軍人が いかに勇敢な愛国心をもって戦い そして玉砕したかを伝えられよ 米太平洋艦隊司令長官 C. W. ニミッツ

の防御力があるのです。サイパン島は硫黄島の5倍近い面積で、473メートルの山もあり、これを要塞化したら、陥とすには少なくとも半年はかかると見られています。ところが、要塞化されていないため、20日で陥ちてしまったのでした。

先にも言ったことですが、どう見てもこれは東條首相の責任とは思えません。しかし東條内閣は、サイパン陥落の責任を取らされて退任したのでした。

石原莞爾の言うとおり、サイパン島が陥ちなかったらB29の本土爆撃もできないのです。あるとき、アメリカには原爆があるのに日本が勝てるはずはないではないか、と、さも当然そうに私に迫った人がいました。しかし、サイパン、テニアン、グアムを石原の言うとおりに要塞化していたら、アメリカはなかなか占領できません。そうすると、原爆どころか東京大空襲もできないのですよ。

太平洋の島の防御作戦は陸海共同体制でのみ可能

石原莞爾の強調するマリアナ諸島の防衛戦略は、陸海統帥が一体になっていたら、彼の言う通りに推進できたでしょう。別に資金的、技術的、兵力的、時間的に困難であったわけでは全くないからです。太平洋の島の防衛は海軍の縄張りで、陸軍は海軍から頼まれて初めて派兵する、というのが、陸海統帥分立のもたらしたものでした。これでは、まともに太平洋の守りなどできるはずがありません。

やはり、この統帥権の陸海軍分立という問題の反省なくして、あの戦争のやり方の反省は始まらないのではないかと思う次第です。皆さんは、どう思われますか？

第5章　秋丸機関と歴史の偽造

「陸軍省戦争経済研究班」＝「陸軍省主計課別班」、通称「秋丸機関」は、「仮想敵国の経済戦力を詳細に分析・総合して、弱点を把握するとともに、我が方の経済戦力の持久度を見極め、攻防の策を講ずる」ことに最善を尽くすことを目的として、戦争が迫りくる昭和14年秋にスタートしました（林千勝『日米開戦　陸軍の勝算』20頁）。

有沢広巳東京大学助教授を主査とする研究チームは、ナチス・ドイツの統制経済の専門家である慶応大学教授の武村忠雄を独伊班主査、東京商科大学（のちの一橋大学）教授の中山伊知郎を日本班主査、立教大学教授の宮川実をソ連班主査、横浜正金銀行員の名和田政一を南方班主査、さらに国際政治班主査として蝋山政道東京大学教授など、そうそうたる研究者を集めて精力的な研究を開始しました。

マルクス経済学者、統制経済学者ならダメなのか

この研究チームを、マルクス経済学者とナチス型統制経済推進者の集合だと批判する人がいます。なるほど、有沢広巳は人民戦線事件の被告でした（昭和19年9月、2審で無罪）。また武村忠雄は警視庁特高課からはマルキスト、内閣情報局からは米英派と警戒されていました。「資源力」を担当していたアメリカ経済の専門家の小原敬司は、唯物論研究会事件との関連で15年11月に検挙されました。ソ連の経済抗戦力を担当していた直井武夫も、16年2月に企画院事件で検挙されています。

しかし、秋丸はそのことを知らずにこれらのメンバーを集めたわけではありません。よく知った上で、彼らの能力を買ったのです。

戦争経済に関して、有沢に匹敵する経済学者が当時いたでしょうか？　少なくとも当時

の戦争経済に関して、彼に勝る学者はいませんでした。

ナチス統制経済についての知識と論理について、武村忠雄は文句なく一流でした。さらにドイツの抗戦力についても、非常に現実に即した正確な分析をしています。

中でも有沢は、昭和12年（1937年）に出版した国防に関する名著『戦争と経済』、昭和16年（1941年）3月付の報告書「戦争経済の本義」の考え方を発展させて「経済抗戦力調査」を行っていったのでした。

彼らの研究成果は、「資料年報」「抗戦力判断資料」「研究資料」などに続々とまとめられ、合わせると250点近くになります。そのうち、現在明らかになっているもののリストは、『日米開戦　陸軍の勝算：「秋丸機関」の最終報告書』（林千勝）に掲載されています（250〜253頁）。


「英米合作経済抗戦力調査」から「対英米蘭蔣戦争終末促進に関する腹案」へ

その中で、特に重要なものが「英米合作経済抗戦力調査（其一）」（陸軍省主計課別班、

16年7月）です。

第2章で説明しましたように、この「抗戦力調査」は、昭和16年（1941年）7月に杉山参謀総長ら陸軍首脳に報告されました。その最終報告は、おおむね次のようなものになっていたと推定されます（林千勝『日米開戦　陸軍の勝算』125頁）。

「英米合作の本格的な戦争準備には1年余かかり、一方日本は開戦後2カ年は貯備戦力と総動員にて国力を高め抗戦可能。この間輸入依存度の高く経済的に脆弱な英国をインド洋における制海権の獲得、海上輸送遮断やアジア植民地攻撃によりまず屈伏させ、それにより米国の継戦意思を失わしめて戦争終結を図る。同時に生産力確保のため、現在英、蘭等の植民地になっている南方圏を自給自足圏として取り込むべし」

杉山参謀総長は「調査・推論方法は概ね」完璧と総評したと言います。この報告書をもとに、陸海軍戦争指導関係課長らによる正式討議の結果「対米英蘭戦争指導要綱」が策定され、9月29日、大本営陸海軍部で正式決定となりました。そして何度も言いますが、この要綱を基にできたのが「対英米蘭蔣戦争終末促進に関する腹案」です。「敵の弱点を把握するとともに、我が方の経済戦力の持久度を見極め、攻防の策を講ずる」という問題意識のもとでの抗戦力調査の結論が、こうして、日本が唯一勝てる戦略を生み出すことになったのです。

「腹案」に沿った戦いをすれば勝てた

第3章で、この戦略に沿った戦いをすれば、日本が負けるということはほとんど考えられないということを証明しました。実際に即して、実行可能性ということを前提にしたシミュレーション（実際的シミュレーション）によって、確かめたわけです。

ただし、もう一度確認しますが、日本が目指した勝利とは、共産党の志位委員長が言うような、世界征服を行うなどという荒唐無稽なことではありません。もちろんアメリカのワシントンに日の丸を立てることでもありません。それは、はっきりと「腹案」の方針1に書いてあるではありませんか。

「速《すみやか》に極東に於ける米英蘭の根拠を覆滅して自存自衛を確立すると共に、更に積極措置に依り蒋政権の屈伏を促進し、独伊と提携して先ず英の屈伏を図り、米の継戦意志を喪失せしむるに勉む」

すなわち、これまでも説明しましたが、蒋介石政権を屈伏させて汪兆銘・蒋介石連合の親日政権を樹立させ、フィリピン、ビルマ、インドその他のアジア諸国を独立させた上で、アメリカに「戦争継続」の意欲を失わせるというものです。言い換えれば、それによって対日敵対的な経済封鎖を停止させ、自由な貿易関係を復活させることです。

この戦略は、天才戦略家の石原莞爾が考えていた構想とほとんど重なるものである、ということも、すでに述べました。

石原は、戦後、AP通信、UP通信の記者に「自分が戦争をしていたら必ず勝っていた」と言いましたが、それは、この「腹案」に沿った戦いをしたら勝っていたということと、同じことになるのです。

杉山参謀総長が「国策に反するから全部焼却せよ」と言った!?

日本が勝てる戦略の基礎をなす抗戦力調査をまとめた、まさに偉大な戦争経済学者、有沢広巳ですが、戦争に負けたあとでは、おかしなことを言っているのです。

有沢は、昭和31年（１９５６年）発行の「エコノミスト」に掲載された回顧録「支離滅裂の秋丸機関」で、次のようなことを言っています。

ぼくたちの英米班の暫定報告書は9月下旬に出来上がった。日本が約50％の国民消費の切り下げに対し、アメリカは15〜20％の切り下げで、その当時の連合国に対する物資補給を除いて、約３５０億ドルの実質戦費をまかなうことができる。そしてそれでもってアメリカの戦争経済の構造にはさしたる欠陥はみられないし、英米間の輸送問題についてもアメリカの造船能力はUボートによる商船撃沈によるトン数をはるかに上回るだけの増加が十分可能である…といった内容のものであった。それを数字を入れて図表の形で説明できるようにあらわした。秋丸中佐は我々の説明をきいて、大変良くできたと喜んでくれた。

9月末に秋丸中佐はこの中間報告を陸軍部内の会議で発表した。これには杉山参謀総長以下、陸軍省の各局課長が列席していたらしい。むろんぼくたちシヴィリアン（民間人）は出席できなかった。秋丸中佐は多少得意になって、報告会議にのぞんだようだったが、杉山元帥が最後に講評を行なったとき、愕然色を失った。

元帥は、本報告の調査および推論の方法はおおむね完璧で間然とするところがない。しかしその結論は国策に反する。したがって、本報告の謄写版は全部ただちにこれを消却せよ、と述べたという。

会議から帰ってきた中佐は悄然としていたそうだ。そして班員に渡してあった謄写本を全部回収して焼却したので、むろん、ぼくのところにも残っていない。報告に使った数字も今でははっきりさせることができない。

ブルータス、お前もか！

あのすぐれた抗戦力調査をまとめ、日本が勝てる戦略の土台を作った偉大な有沢広巳ともあろう者が、こんな事実に反することを、のうのうと言っているのです。

まず、ここで言ったことには、ウソ、間違いがたくさんあります。林千勝氏は『日米開戦　陸軍の勝算』の中で10カ所ほど指摘しています。こんな短い文章で10カ所ですから、いかにでたらめな文章かが分かります。何よりも、報告書の結論が国策に反する、全部消却せよと杉山参謀総長が言ったというところです。

これまで、いろいろ説明してきましたが、「対米英蘭蔣戦争終末促進に関する腹案」は、有沢の「英米合作経済抗戦力調査（其一）」があって初めてできたものです。にもかかわらず、それを、国策に反するから全部消却せよと言われ、無視されたというのです。もう文書が残っていない（と当時は思われていた）のをいいことにして、これほどの大ウソをつく有沢広巳とは何者か？　やはりお前も「ブルータスだったのか」と言いたくなります。

戦争に負けたあと、日本の知識人、学者、教育者、宗教家といった知的なエリートに属する大量の人々が、みじめというか、醜《みにく》い変節を遂げました。

自分は戦争に反対していたのだけれど、弾圧されて自由にものが言えなかっただとか、実は自分は自由主義者であっただとか、いろいろな口実で、戦前の発言の責任を取るというより、ごまかして新しい時流に乗るという現象が生まれました。

日本人の弱さと節操の無さ、情けない良心の欠如ぶりが吹き出した、悲しく恥ずかしい現実でした。

私は、有沢広巳については左翼学者の中ではどちらかというと尊敬している一人でしたが、なんとこの人も、あの醜い日本人の一人に過ぎなかったのだと知り、愕然としたわけです。まさに「ブルータス！　お前もか！」だったのです。

もう一人ブルータスがいた！

ところが、「対米英蘭蒋戦争終末促進に関する腹案」を生み出すもとになった「英米合作経済抗戦力調査」などの諸研究を組織化して推進した張本人の秋丸次朗までが、同じようなことを言って、醜い変節日本人の一人になっているのでした。

秋丸次朗は、昭和54年（1979年）に書き、昭和63年（1988年）に発行された回顧録『朗風自伝』で、似たようなことを言っているのです。

無視された調査結果

茨の道を歩きつつも、16年7月になって一応の基礎調査が出来上がったので、省部首脳に対する説明会を開くことになった。当時欧州では英仏を撃破して破竹の勢いであった独伊の抗戦力判断を武村教授（当時召集主計中尉として勤務中）が担当し、ついで私が英米の総合武力判断を陰の人有沢教授に代わって説明した。説明の内容は、対英米戦の場合経済戦力の比は、20対1程度と判断するが、開戦後2カ年間は貯備戦力に依って抗戦可能、それ以後は我が経済戦力は下降を辿り、彼は上昇し始めるので、彼我の戦力の格差が大となり、持久戦には耐え難い、と言った結論であった。既に開戦不可避と考えている軍部にとっては、都合の悪い結論であり、消極的和平論に耳を貸す様子もなく、大勢は無謀な戦争へと傾斜したが、実情を知る者にとっては薄氷を踏む思いであった。

これは有沢広巳が昭和31年（1956年）にエコノミストで言っていることと、ほとんど同じであることが分かります。違うのは、説明会の時期が有沢は9月と言っているのを7月と言っていること、経済戦力の比を20対1程度などと入れているところが目につきます。

しかし、基本的には、「英米合作経済抗戦力調査」により、勝てる戦略のもとになる経済調査を出したのに、それを「軍部にとって都合の悪い結論であり」消極的平和論を出したかのように言っているのは、有沢と同じく、全くウソを言っているということです。つまり、もう一人のブルータスがいたということです。

『朗風自伝』は、昭和63年（1988年）に発行されましたが、その時にはまだ「英米合作経済抗戦力調査」は、破棄されて存在していないことになっていました。ですから、このようなあからさまなウソを堂々と言うことができたわけです。しかし、その年に有沢広巳が死去し、なんと有沢の自宅にあった文献の中にこの文書が含まれていたのです。そして、そんな秘密をばらす重大文献とはご存じない家族の方が、これを東大経済学図書館に寄付してしまったのでした。

「秋丸機関」のみが日本が勝てる道を示していた

もし当時、政府なり陸軍なりの経済研究機関が、日本は経済的に戦争に耐えられる、という結論を出していたのなら、「秋丸機関」の報告を「消極的平和論」の経済分析の一つと考えたというのも、1%くらいは理があると言えるかもしれません。

ところがそうではないのです。当時の日本では4つの組織、すなわち、日満財政経済研究会、企画院、陸軍省整備局、および総力戦研究所が、それぞれ数次にわたって国力判断を実施していました。そのいずれの国力判断も、極めて悲観的なものだったのです。

A　日満財政経済研究会

日満財政経済研究会は、昭和13年〜15年（1938年〜1940年）に、4回に及ぶ本邦経済国力判断を行っています。その結論は、「輸出激減、輸入力減退。生産力拡充停滞、生産減少、再生産困難」と、昭和12年（1937年）7月に勃発した支那事変の重圧に押しつぶされそうな日本経済の姿を直視するものでした。

当時の日本経済は、繊維製品を輸出して獲得した外貨を使って、さまざまな必要物資を、主として英米圏から輸入する構造になっていました。しかしブロック経済のもと、繊維品を主とした日本の輸出力は著しく低下しました。その結果、日本は著しい外貨不足を招来し、輸入力も力を落としていきました。（林千勝『日米開戦　陸軍の勝算』27〜32頁）

B　企画院

企画院は、支那事変勃発後の昭和12年（1937年）10月に、支那事変への国家的な対応のために設立された国家総動員の中枢機関です。

昭和12年〜14年（1937年〜1939年）に企画院が出した結論は、総じて「輸出激減、輸入力減退で物動（物資動員）見直し。必要物資7割の輸入先の英米との戦争は無理。日本の経済力は長期戦に耐え得ず」「輸入途絶の計画は成り立たず」と、これまた極めて悲観的なものでした。

企画院は昭和15年（１９４０年）８月に「応急物動計画試案」を策定しました。具体的に対英米抗争を視野に入れた国力判断です。その結論は、主要物資の輸入先である英米との抗争は極めて困難であり、英米を敵に回しての戦争遂行は、とうてい不可能というものでした。（『日米開戦　陸軍の勝算』32～33、35～37頁）

C　陸軍省整備局

陸軍省整備局は、陸軍省で軍需品の統制・補給・製造・動員・召集・軍需工場の指導などを所管する部署です。

陸軍省整備局による昭和14年（１９３９年）の国力判断は、「日米通商条約破棄通告、輸入力に制約で重要物資供給に支障へ。民需大幅削減。満洲は日本からの機械・食料・資金等に期待」というものです。

陸軍省整備局は昭和16年（１９４１年）８月に「11月１日対米英開戦、蘭印石油取得」を想定した国力判断をしています。ここでは「戦争力維持の可能性はないではないが、重大な不安」「2年以上先の産業経済情勢は確信なき判断を得るのみ」という苦渋に満ちた結論を出しています。(『日米開戦　陸軍の勝算』33～35、37～39頁)

D　総力戦研究所

総力戦研究所は、昭和15年(1940年)9月に開設された内閣総理大臣直轄の研究所です。国家総力戦に関する基本的な調査と、各省庁・陸海軍・民間などからの、いわばエリートを研究生として選抜し、総力戦に向けた教育と訓練を施すことを目的としたものでした。どちらかというと、研究というよりも教育と訓練に重点が置かれていました。

こうした研究生30数名に取り組ませた「机上演習」の結論は、「奇襲作戦を敢行して成功しても、緒戦の勝利は見込まれるが、物量において劣勢な日本の勝機はない。戦争は長期戦になり、終局ではソ連参戦を迎え、日本は敗れる」というものでした。(『日米開戦　陸軍の勝算』159～160頁)

いかがでしょうか。これが当時の有力組織による、国力判断です。

ちなみに猪瀬直樹氏（元東京都知事）は『昭和16年夏の敗戦』という著書で、日本の敗北はこの時点で分かっていたことだと、この「総力戦研究所」のシミュレーションを紹介して主張しています。

確かに、「対米英蘭蔣終末促進に関する腹案」から外れて、真珠湾攻撃に始まる前方決戦を行っていけば、このようにしかならなかったでしょう。私自身もそう考えていますので、どんなタラレバを重ねても勝てないと「まえがき」で明言しました。

ただ、本書の第2章、第3章で詳しく説明してきたように、こうした猪瀬氏の主張が「腹案」の前には全く通じない素朴な考え方であるということは、ご理解いただけるかと思います。

それはそれとして、このように見るとよく分かるように、政府・軍は国際情勢・国力を客観的に見ることができずに、独断的な判断をして戦争に突入したわけではなく、極めて客観的な分析、苦渋の判断をしていたのです。その中で、「秋丸機関」のみが、戦略的な分析と勝利への道を示したわけです。

繰り返しになりますが、そこから導き出された「対米英蘭蔣戦争終末促進に関する腹案」

に沿った戦いをすれば、日本は勝利を勝ち取ることができたのです。決して空想的な戦略論ではなく、現実的に実現できる戦略なのです。

20対1は俗論におもねった付け足し

これはあまり本質的なことではありませんが、有沢に代わって「基礎調査」ではなく最終報告として「英米合作経済抗戦力調査」を秋丸が説明した中で、日米の経済力20対1というのを、わざわざ言ったように書いているのは不自然です。

なぜかというと、「英米合作経済抗戦力調査」にはそのような数字は出てきませんし、調査の重点は敵の弱点が何処にあるのかです。もし当時、誰も経済規模の差が20対1（これ自体がかなり不正確で、GNPでみれば10対1くらいが妥当とは思いますが）ともいえるような差であったことを知らなかった、ということでしたら、説明の流れから外れてはいますが、それを言うことには少しは意味があるでしょう。しかし、そんなことは、前記の4機関の調査でも、ほぼ知られていたことです。

〔図表16〕日米の経済比較

主要項目	米国	日米の比率
製鋼能力	９５００万トン	１：２０
石油産出量	１億１０００万バーレル	１：数百
石炭産出量	５億トン	１：１０
電力	１８００キロワット	１：６
アルミニウム	計画量　８５万トン	１：３
	実績量　６０万トン	１：６
飛行機の生産計画量	１２万台	１：５
自動車生産量	６２０万台	１：５０
船舶保有量	１０００万トン	１：２
工業労務者	３４００万人	１：５

〔『昭和陸軍 謀略秘史』岩畔豪雄より〕

また、前出の岩畔豪雄大佐が、アメリカで新庄健吉主計大佐が作成した日米経済力比較データ（図表16）をもとに、日米戦回避論を主張したそうです（牧野邦昭『経済学者たちの日米開戦』新潮社、２０１８年、１３７〜１３８頁）。ところが、秋丸の上司だった遠藤武夫主計課長は、この新庄大佐の調査と称するものは商社マンからの情報にほとんど全部おぶさっていた、と証言しているそうです。要するに、これに近いことは今さら聞かないでも分かっていて、どうすれば英米合作の弱点をついて戦いを進めるかという論に進んでいた、ということです（同『経済学者たちの日米開戦』１３９頁）。

つまり、秋丸が『朗風自伝』でこんな数字をわざわざ入れたのは、戦後の常識になっていた、アメリカの強大な力を知らずに日本は戦争に突入した、という俗論におもねったからであり、いかにも自分は客観的な正論を言ったのに、と受け止められることを狙ったのでしょう。そして、この狙いは当たりました。その後、「英米合作経済抗戦力調査」が出てきて、本来ならば「秋丸はウソを言っていた」と批判されるところでした。しかし、逆に秋丸が正義の人になってしまうのに、この20対1というポイントが大きな役割を果たしたようです。俗受けするキャッチフレーズの力です。後述しますように、マスコミはこれに焦点を当てて、秋丸の正しさ、軍首脳の誤った判断を批判します。そして、それによって「英米合作経済抗戦力調査」の本当の中身に焦点の当たる余地がなくなってしまったのでした。

史実が出てきても捏造を続ける人たち

さて、「英米合作経済抗戦力調査」が出てきたことで、誰でも読むことができるようになりました。そうすると、有沢広巳の言っていたこと、秋丸次朗の言っていたことは、世間におもねった真っ赤なウソであることが明らかになるはずです。しかし、ことはそのようには進みませんでした。

いちばん困ったのは、左翼系の有沢と関係のあった経済学者、歴史学者でしょう。なにしろ、戦争に反対して弾圧されたはずの彼らの仲間が、実は日本が戦争を決意する重大な戦略決定の手助けをしていた、ということがバレてしまいます。しかも、平和主義者であるはずの有沢はそれどころか、ウソによって自分が平和主義者であったかのように取り繕っていた、という事実までもが明らかとなってしまいます。そこで、彼らは何だかんだと、捏造解釈をしたものをマスコミに持ち込んだのでしょう。

実際マスコミはそれに乗って、報道をしていきました。マスコミも、そのほとんどは、あの戦争は視野狭窄の軍国指導者が引き起こした侵略戦争である、という基本テーゼを作りあげ、今でもそれを持ち続けています。この前提が覆ってしまうことは、自分たちが今まで言ってきたことが否定されることになり、彼らの権威が失墜します。それだけにとどまらず、自己の世界観までもがガタガタになってしまう危険性があります。それは、エリート意識の強い彼らには、おそらく耐え難いことでしょう。

これがマスコミの捏造報道だ！

マスコミの捏造報道はNHK始めいろいろありますが、林千勝氏の『日米開戦　陸軍の勝算』が紹介している、日経新聞の記事をここで取り上げてみます。

平成23年（2011年）1月3日の朝刊1面に載った記事です。大東亜戦争開戦70年目、ということで大きく取り上げたようです。

開戦前、焼き捨てられた報告書
現実を直視、今こそ

70年前の日米開戦前夜。正確に日本の国力を予測しながら、葬り去られた幻の報告書がある。報告書を作成した「戦争経済研究班」を取り仕切ったのは、陸軍中佐の秋丸次朗。1939年9月、関東軍参謀部で満州国の建設主任から急きょ帰国した。同班は「秋丸機関」の通称で知られるようになる。英米との戦争に耐えられるかどうか、分析を命じられた秋丸。東大教授の有沢広巳、後の一橋大学長になる中山伊知郎ら著名学者を集め、徹底的に調べることにした。

さらに、日経新聞の記事を続けます。

「1対20」を黙殺

東京麹町の第百銀行2階に常時20～30人がこもる。調査対象は人口、資源、海運、産業など広い分野に及んだ。今と違い資料収集も簡単ではない時代。日本は経済封鎖の下で軍需産業生産にどれだけ力をそそぐことができるか。英米との力の差はどの程度か。叡智を結集した分析が進んだ。

調査開始から1年半を経た41年半ば。12月8日の日米開戦まであと数カ月の時期に、陸軍首脳らに対する報告会が催された。意を決するように、秋丸が言った。「日本の経済力を1とすると英米は合わせて20。日本は2年間は蓄えを取り崩して戦えるが、それ以降は経済力は下降線を辿り、英米は上昇し始める。彼らとの戦力格差は大きく、持久戦には耐え難い」秋丸が出した結論だった。

列席したのは杉山元参謀長ら陸軍の首脳約30人。じっと耳を傾けていた杉山がようやく口を開いた。「報告書はほぼ完璧で、非難すべき点はない」と分析に敬意を表しながらも、こう続けた。「その結論は国策に反する。報告の謄写本はすべて燃やせ」

会議から帰ってきた秋丸はメンバー一人ひとりから報告書の写しを回収し、消却した。有沢は直ちに活動から手を引くように命じられた。

報告書の一部は、88年の有沢の死後に遺品から発見される。104ページ分の報告は詳細を極めていた。見たくないものは見ない――。秋丸機関は程なく解散し、現状認識を封印した戦争の結末は悲惨だった。


有沢-秋丸の捏造話に輪をかけた、まさしくプロパガンダ文書のようなものを仕上げて、この日経新聞の記者は義憤に駆られたかのような口ぶりで書いています。

この記者は、「英米合作経済抗戦力調査」という重要な一次資料を、少しはまじめに読んでみたのでしょうか? 有沢-秋丸の自己弁護のウソ文書と、左翼系の学者の誰かからさらに何か入れ知恵をされて、このプロパガンダ文書を書いたのでしょうか？
「英米合作経済抗戦力調査」の判決（結論）７では、次のように言っています。

対英戦略は英本土攻略により一挙に本拠を覆滅するを正攻法とするも、英国抗戦力の弱点たる人的・物的資源の消耗を急速化するの方略を取り、空襲に依る生産力の破壊及び潜水艦戦に依る海上遮断を強化徹底する一方、英国抗戦力の外廓をなす属領・植民地に対する戦線を拡大して全面的消耗戦に導き且つ英本国抗戦力の給源を切断して英国戦争経済の崩壊を策することも亦極めて有効なり。

「極めて有効なり」という結論に基づき、「対米英蘭戦争終末促進に関する腹案」が作成されたのであり、「彼らとの戦力格差は大きく、持久戦には耐え難い」などとは全く言っていません。現状認識の封印ではなく、現状認識の確認から戦略が作られていったのです。
しかも日経の記事では「秋丸機関は程なく解散し」、などと架空のウソ話を書いていますが、この報告から1年半後の昭和17年12月に「陸軍省戦争経済研究班」は、「経済資料

調　第91号　大東亜共栄圏の国防地政学」を取りまとめるなど、精力的に活動を続けていました。現状認識を封印し「見たくないものは見ない」のは、この記事を書いた記者ではないでしょうか。

学者は学問的良心を取り戻すべきだ！

せっかく失われたと思われていた有沢広巳の「英米合作経済抗戦力調査」が出てきて、有沢がエコノミストに書いていたことは全く事実に反するウソであることが分かったというのに、それを基に歴史の事実を再検討するのではなく、ウソの上塗りをするという「学者」たちは、いったい学問的な良心というものをお持ちなのでしょうか？

第1章の「日本は侵略戦争をしたのか」で、私はいくつかの重要な歴史事実、歴史文献について触れました。ところが、いまだに日本の学会では、そのほとんどがまともに取り上げられていないのです。マッカーサーの上院軍事外交委員会での証言などは、その最たるものでしょう。（小堀桂一郎『東京裁判　日本の弁明』564～565頁。英文は563頁）

「したがって彼らが戦争に飛び込んで行った動機は、大部分が安全保障の必要に迫られてのことだったのです」

このマッカーサーの言葉の「安全保障」は、英文ではsecurityとなっています。これは国内の治安のことだ、などという珍解釈をする左翼学者がいるのはお笑いとして、この証言の重要性を歴史学会ではあまり認めていないようです。というより、認めたがらないようです。

中学の歴史教科書にこのマッカーサー証言を載せようとしたら、検定でハネられたと渡部昇一先生は言っていました。なぜそうなるかというと、これは別に文科省がアメリカに遠慮したわけではなく、検定の基準は基本的には「学会」の多数見解、一般見解というものを基にする、ということになっているためのようです。つまり、歴史学会に問題の根はあるわけです。

『裏切られた自由』ハーバート・フーバー31代アメリカ大統領

第1章にも書いたように、フランクリン・ルーズベルトの前の第31代大統領ハーバート・フーバーは、『裏切られた自由：フーバー大統領が語る第二次世界大戦の隠された歴史とその後遺症』*Freedom Betrayed, Herbert Hoover's Secret History of the Second World War* という900ページを超える大著を書きました。20年以上をかけ、膨大な資料を収集して書いた大著です。昭和39年（1964年）に原稿が完成して、印刷所に持ち込まれたのですが、フーバーの死去により出版は見送られました。そしてなんとその47年後の平成23年（2011年）になって、フーバー研究所から刊行されたのでした。

我々はこの本を多くの人に紹介したいと考え、加瀬英明、藤井巌喜、稲村公望、それに私が加わって、これを論じて紹介する本『日米戦争を起こしたのは誰か』（勉誠出版）を平成28年（2016年）に刊行しました。その後、待望の全訳本が、渡辺惣樹氏の訳で本年、平成30年（2018年）に草思社から出版されました。

本書の第1章の末尾で、この本の中でフーバーが言っている言葉をご紹介しました。

「日本との戦争の全ては、戦争に入りたいという狂人（ルーズベルト）の欲望であった」

こういう貴重な証言が載っている文献を日本の歴史学者はもっと重視して、歴史叙述に活かすべきではないでしょうか。それが、学者の本来の良心というものではないでしょうか。

残念ながら、アメリカでも、「アメリカの正義の戦争」という虚構が崩れるのを嫌ってか、フーバー研究所という一流シンクタンクから出版されたにもかかわらず、歴史学界ではほとんど取り上げられていないようです。

良心を欠いた歴史家が多いのは、日本だけではないようです。だからといって、日本の学者が事実を見て見ぬふりをしてよいわけではありません。

JB355号作戦計画書

同じく第1章でご紹介したJB355号作戦計画書についてもしかりです。昭和16年（1941年）7月23日、真珠湾攻撃の5カ月も前に、ルーズベルト大統領は東京や大阪などの日本本土爆撃作戦計画に署名していたんですね。このことを日米戦争で触れない日本の歴史学者は何をしているのか！　と言いたくなります。

この情報は、１９７０年にアメリカの公文書館では公開されていたんですね。日本の学者でこれを見つけてきて、「真珠湾攻撃の前にアメリカは日本攻撃をしようとしていた」という論文を書いた人はいたんでしょうか。寡聞にして聞きません。もしいたら、絶大なる尊敬を払います。また、払うべきです。

真珠湾攻撃50周年の１９９１年には、アメリカのＡＢＣ放送が特集番組でこれを詳しく放送したのですが、これにすら、まともに反応した学者がいたとは聞きません。

しかも、２００６年には前出のアラン・アームストロングがアメリカで本を出しており、日本語訳（『「幻」の日本爆撃計画』）も、２００８年に日本経済新聞出版社から出ているというのにです。

幸い今年になって、テレビ朝日が8月12日に「真珠湾攻撃77年目の真実」と題してスクープ番組として放送したことは、すでに述べました。放送したこと自体は評価されますが、情報開示から48年目、ＡＢＣ放送の番組から27年ですから、これがスクープと言えるのでしょうか？　これがスクープになるということは、逆に、歴史学者が怠慢だったということとの証《あかし》になりますね。

つまり何といっても、学者がサボっていた、というか、こういう日本犯罪者史観に反するような事実には目をつぶってきたということが、根本的な問題ではないかと思います。「秋丸機関」に関しても同じです。どうして明らかに事実に反する大ウソを、さらに拡大するようなことに学者は加担してきたのでしょうか？　何度も言いますが、学者の学問的な良心は、どこへ行ったのでしょうか？

『経済学者たちの日米開戦：秋丸機関「幻の報告書」の謎を解く』

と言ってきましたが、最近（今年の５月）、比較的公平で本格的な「秋丸機関」研究の本が発行されたことを知りました。牧野邦昭氏が書いた『経済学者たちの日米開戦：秋丸機関「幻の報告書」の謎を解く』（新潮社）という本です。

かなり膨大な資料を渉猟して書かれた本です。ただ、ここで本格的にこの本の評価、疑問、批判、反論などを行う余裕はありませんので、それは別の機会にしたいと思いますが、いくつか、気がついたところについて簡潔に述べておきたいと思います。

①著者の牧野氏は、以下のように書いています。

〔有沢や秋丸の報告会に関する記述に従って、秋丸機関が強調したかったのは特にアメリカと日本の国力の差による対米開戦の無謀さだったというものであった。こうした通説から『英米二』が発見されても英米特にアメリカの抗戦力の大きさを指摘している部分のみが強調されてきた。

一方『英米二』の「判決」で提案されている「英米間の船舶輸送力が弱点であり、イギリスと植民地との連絡を断ったドイツと協力してイギリスへの輸送船を攻撃する」という内容が「対米英蘭蒋戦争終末促進に関する腹案」に影響を与えたという異説が、斉藤伸義氏により平成11年（1999年）に唱えられている。…英米と戦うために弱点を探して戦略立案を行い、それが国策に影響しているという見方である。最近ではそれが、「陸軍は合理的な研究により勝てる戦略を立てていた。…」という形でかなり強引に使われることもある〕

「筆者は一時期は通説と異説では異説の方がどちらかといえば正しいのではないかと考えていたが、現在はそのようには考えておらず、一方でやはり通説が正しかったとも考えていない」

このように、かなり公平な見方をしているように見えます。しかし有沢と秋丸が「腹案」作成の土台を提供していたことを無視して、実は戦いをやめさせようとしていたなどというウソを、ウソと断定していないのは残念です。結局、彼らが多くの転向戦後知識人と同じようなウソを言っていることを見逃し、彼らの言辞を何とか合理化しようとしていることになっています。彼らははっきり、ウソを言っているのです。ここを曖昧にしてしまうと、結局なんとでも解釈できるということになってしまいます。

また、「異説」について、斉藤伸義説をもう少し詳しく説明し、問題点を指摘すべきではないかと思います。もっと失礼なのは、林千勝氏が『日米開戦　陸軍の勝算』で詳しく展開している論を何ら紹介もせず、反論もしないで、「かなり強引に使われることもある」などと片付けていることです。

少なくとも、秋丸機関について「英米合作経済抗戦力調査」を詳しく紹介しながら、その活動を本格的に取り上げた本は、これが初めてであると思いますので、それなりの扱いをしてしかるべきではないかと思います。

もし、学者の書いたものではないから、などという、幼稚な学者の抱く差別意識のようなものが働いているとしたら、大問題だと思いますが。

②牧野氏は、秋丸機関の報告書の内容は、必ずしも当時秘密で知られていなかったわけではなく、かなりその考えは知られていた、ということを強調しています。また、一時異説が正しいのではないかと考えていたのが、そうではないと思うようになった大きな原因だとしています。

しかし、報告書の内容で述べられていたことがかなり一般的に取り上げられていた、ということと、イギリスへの補給問題を最大戦略ポイントに据え、日本の戦略の決め手として位置づけた、ということとは別のことです。ですから、結局は凡庸な対米正面対決的な戦略に全体が引きずられていったわけです。

それは、インド洋の重要性は当時かなり話題にはなっていたということと、それを最重要課題としていたこととは別だ、ということでもあります。

③「対米英蘭蒋戦争終末促進に関する腹案」について、その有効性を私は本書で検証してきましたが、牧野氏は、学会の通念をほぼそのまま受け入れて、それほどのものと評価していないようです。それでは、いろいろな点について、分析は結局、否定的なものになっていくことになってしまいます。これが一番の問題と言えるかと思います。

④牧野氏は、「腹案」は「アメリカ海軍以外のイギリスやアメリカに対する直接の攻撃はドイツやイタリアに依存している」と批判していますが、私からすれば、それこそ極めて現実的で、日本の役割は、インド洋という要のシーレーンの制海権を獲得することにあるというのは全くの正解だと思っています。

牧野氏は本の中で、ドイツのイギリス上陸をいつまでも期待している、と批判します。しかし、日本が「腹案」に沿ってミッドウェーやガダルカナルなどという愚戦をせずに、昭和17年（1942年）7月に、かねて予定の「西亜作戦」を実行していたら、ロンメルはスエズのイギリス軍を破り、中東油田地帯を押さえることができたでしょう。そうなると、願望ではなく、狙いが実現することになるのです。

こういう積極的な観点から「腹案」を評価していくのではなく、何かというと、ドイツのソ連戦勝利に期待しただとか、独伊の対英米戦に期待しただとかいうのは、いかがなものかと思います。「腹案」では、日本の役割、独伊への要求、三者共同でやるべきことが、ちゃんと書いてあります。

⑤「腹案」を、合理的に研究されたものではない、ただの「官僚的作文」などと牧野氏は結論づけていますが、これに沿った作戦を行えば勝利の可能性が極めて高い、という検証を行った者からすると、牧野氏の言うことの方が、素人の「作文」に過ぎないのではないかと言いたくなります。

⑥ミッドウェー作戦は、戦略眼に欠ける山本五十六が、ドゥーリットル攻撃などとい

う再現性のない特攻攻撃という「猫だまし」に引っかかったものだと第4章で説明しました。それを、アメリカの空母機動部隊の脅威が大きいことが改めて明らかになり、などと言っていては「腹案」の戦略の優れたところを理解することはできないでしょう。

結局、牧野氏も、日本は戦力的に開戦当初から劣勢にあった、という「深い」思い込みにとらわれているようです。アメリカの空母機動部隊は、太平洋側には、3隻しかいなかったのですよ。これに対して日本は10隻ですよ。なんで、たった3隻のアメリカ空母機動部隊がそんなに「脅威」なんですか？　そんな前提だから、「腹案」で言われていることは、どれもこれも成り立たない「作文」になってしまうわけです。

ついでに付け加えますと、日本はミッドウェーで空母4隻を失ったのですが、それでもその後アメリカの空母を撃沈していて、17年（１９４２年）末には、大西洋側からの補充があったにも関わらず、アメリカの空母は太平洋側に実質ゼロという惨状になったのです。その時点で日本は一応、正式空母6隻、小型空母5隻を持っていました。

山本長官式の前方決戦方式で空母、艦船、航空機を本来「腹案」に反するミッドウェーやガダルカナル、ソロモン海で「大浪費」をしなければ、18年（１９４３年）以降も十分に戦うことができた、という基本的な事実を、ぜひご理解いただきたいものです。

⑦「総力戦研究所」については、非常に的確な指摘をしています。猪瀬氏の著作の影響もあって、「太平洋戦争開戦前に日本の必敗を予測していた機関」として有名ですが、その実態は研究機関というより、教育機関であったと牧野氏は述べています。

昭和16年8月の報告は、アクティブ・ラーニングの一環としてのシミュレーションだったとしています。その上で、「官僚の訓練施設」「各省庁の割拠主義を克服するための機関」としてしか位置づけられていなかった、としています。

これはその通りであり、さらに言えば、彼らは何も新しい戦略研究などしてはいなかった、ということになります。

⑧重要なのは「ドイツ経済力抗戦調査」であるという指摘も、大事なポイントだと思います。日本が「英国抗戦力の外廓をなす属領・植民地」に戦線を拡大していき、仮に日本がインド洋に進出して、インドやオーストラリアとイギリスの連絡を断ったとしても、

供給余力のあるアメリカの軍需物資がイギリスに送られます。その結果、ドイツとイタリアがこの補給遮断をどれだけ行えるかに焦点が当てられます。

さらにドイツの抗戦力は昭和17年（１９４２年）から次第に低下せざるを得ないので、ソ連の生産力を利用する必要性が出てくる、ということを、ドイツ班主査の武村忠雄が述べていることを指摘しています。

そうなると、ますますインド洋の重要性が浮かび上がります。まず、インド洋の制海権を日本が握ることにより、イギリスへのアメリカの軍需物資供給が遮断されることが１つです。２つ目は、ソ連へのアメリカの膨大な軍需物資支援が途絶することです。これらが相まって、トブルクを陥したロンメルがスエズに進撃し、中東油田地帯を押さえるとどうなるか、というようなことまでは、この本では触れられていません。

以上、ちょっと感じたところを書いてみた次第です。牧野氏には、通説を打破した、真実に迫る研究を続けていただくことを期待しております。まずは、林千勝著『日米開戦　陸軍の勝算：「秋丸機関」の最終報告書』の分析・批判を試みてはいかがでしょうか。

しかし、結論的に言えば、本書の限界、根本的な弱さは、有沢－秋丸が戦争を思いとどまらせるために出した研究という、全くのウソを言っていることを批判していないところにあります。

戦後、占領軍、戦勝国、左翼、転向知識人学者、時局便乗者らによって広められた歴史捏造による日本犯罪国家論という流れの中で、有沢－秋丸の捏造証言が行われたわけです。簡単に言えば、それにこびて、おのれを正当な立場、良心的な（！）立場に立たせるために、180度反対のことを言っているわけです。

それを指摘し、根本的におかしいという前提に立たないのでは、部分的に正しいことを言ってみても、まずスタートから外れていますし、また、捏造を基にする現行史観の補足者になってしまうということです。

有沢－秋丸が日本が勝てる戦略を打ち出したことは正しかった！

第1章のところで述べましたように、日本は何も世界制覇を狙った戦争を起こしたわけでも、どこかを侵略しようとして戦争を起こしたわけでもありませんでした。日本の自存自衛が決定的に脅かされる状況の中で、正確に状況把握をし、これしかないという戦略に基づいて、立ち上がった自衛戦争でした。

アメリカの元大統領フーバーが、大著『裏切られた自由』（Freedom Betrayed）の中で、明言している通り、

「日本との戦争の全ては、戦争に入りたいという狂人（ルーズベルト）の欲望であった」のです（*Freedom Betrayed* p.833）。

つまり、戦争を起こしたのは日本ではなく、アメリカです。そうなると、戦後の捏造史観を前提に言われていることは、すべて間違っているということになります。

●日本は半封建的で、絶対君主の天皇がいたから戦争を起こした？
↓本当は、民主主義国であるはずのアメリカが戦争を起こしたんですよ。
●日本は軍部が政治を支配したから戦争を起こした？
↓文民統制だったはずのアメリカが戦争を起こしたんですよ。

●日本は言論の自由がなく、軍国主義に反対する意見が弾圧されていたから戦争になった？
↓アメリカには、かなり言論の自由があったはずですが、そのアメリカが戦争を起こしたんですよ。
●日本は偏狭な民族主義、日本優越主義を信じていたから戦争を起こした？
↓多民族国家のアメリカが、日本との戦争を起こしたんですよ。
●日本は国家神道というファナティック（狂信的）な信仰を国民に強要していたから戦争を起こした？
↓キリスト教国で、信仰の自由などを主張しているアメリカが、日本との戦争を起こしたんですよ。

となると、あの状況下で日本が勝てるギリギリの戦略を生み出す役割を果たした「秋丸機関」の研究は、恥ずることなど一点もない、立派な業績であったという、極めて当然の常識に戻ることになります。

牧野氏も、「なぜ有沢―秋丸は堂々と、おのれのこの研究を行った精神とその成果を誇らなかったのだ！」というところから、研究を始めるべきでした。「日本＝軍国主義の侵略国家」などという、荒唐無稽な世の通説にこびることなどなかったのです。

そうした道理に基づく立場から秋丸機関の研究を検討していけば、その緻密で戦略的な、高い水準の研究成果を正しく評価することができるのではないかと思う次第です。

日本の経済力が米英に比べて圧倒的に劣っている、ということを誰もが知っていた状況のもとで、勝利につながる戦略を生み出すなどという偉業は、世界の歴史に特筆さるべき快挙と言うべきです。

そして必ず、そのような評価がなされる時が来るものと、私は信じております。歴史の審判というものは、長い時間をかけて、公平な結論に至るものであると考えているからです。

おわりに

毎年、12月8日、8月15日が近づくと、新聞、テレビなどは決まって戦争特集、終戦特集を掲載します。

戦争はいかに悲惨なものであるか、あの戦争はいかに無謀な戦争であったか、などが、これでもかこれでもかと語られます。あの戦争の反省をしようということのようです。

しかし、「戦争が悲惨なものである」などということは、今に始まったことではなく、人類の歴史を通して繰り返し起こったことであり、自明のことです。

ただ近代になり、戦争の規模が大きくなったために、その悲惨さがより深刻になりました。第一次大戦の後、その反省のもと戦争の再発を防ごうと、「国際連盟」という、世界の主要国が加盟する組織を作りました。ところが、この試みは功を奏せず、より大規模な第二次世界大戦の勃発となりました。

第二次世界大戦の後、「国際連合」という、より強化された国際組織が作られました。国際連合は、戦争の抑止にかなりの効果を上げてはいますが、朝鮮戦争、ベトナム戦争、アフガン戦争、湾岸戦争、シリア内戦など、大小の戦争が頻発するのを防げていません。

その中でも特に、朝鮮戦争は大きな戦争でした。戦死者・死者については、いろいろな説がありますが、ウィキペディアによれば、韓国軍28万1千、アメリカ等の国連軍4万5千、北朝鮮軍29万4千、中国軍13万5千、合計すると75万5千にものぼります。

民間人の死者はもっと悲惨で、韓国67万8千、北朝鮮108万6千、あわせて174万4千という膨大な数です。大東亜戦争で犠牲になった日本人の民間人の数は、39万3千人と言われていますから、その3倍近くの民間人が、総人口5千万たらずの南北朝鮮で犠牲になったのです。

よく、韓国の人が日本の戦争責任を口にしますが、韓国・北朝鮮の民間人を大量に殺害したのは、「共産主義国家」北朝鮮が起こした朝鮮戦争なんですね。どうして、北朝鮮の戦争責任を糾弾しないのですかね。大東亜戦争での朝鮮人民間人の犠牲者は、この100分の1といったところなのに、北朝鮮を責めるのではなく、日本ばかりを責めるのは、全く奇妙なことです。

ともかく、日本がいくら反省したとしても、このように「悲惨」な大戦争は起こっている、ということを、ぜひ知っていただきたいと思うわけです。

第二次大戦後、ヨーロッパには戦争は起こっていません。これはよく見ると、NATO（北大西洋条約機構）に加盟しているヨーロッパの国には戦争は起きていない、ということなんですね。

ウクライナから京都大学の大学院に留学しているグレンコ・アンドリュー氏は言います。ウクライナは独立後、大規模な軍縮を行い、NATOに入らなかったために、NATOに入ったポーランド、ハンガリー、チェコ、スロバキア、ルーマニア、ブルガリア、バルト3国などとは異なり、ロシアにクリミアを奪われ、自国の東側を侵略されていると。

日本は、日米同盟に加入しているから平和が続いている、ということは、ヨーロッパの例からしても当然ということになります。別に、平和憲法があり、「平和と反省」を叫ぶ人がいるからではないのですね。世界の状況を見れば、よく分かることです。

つまり、戦争の悲惨さを強調し、日本は軍備を持たないということを主張することは、平和の維持に役立つというよりも、ウクライナのように隣国の侵食を受ける可能性が高いですよ、とグレンコ・アンドリュー氏は警告してくれているわけです。

戦争の反省が平和につながらないどころか、平和と反省をひたすら強調する人たちの言動を見ていて分かるのは、彼らのほとんどは、「日本が、起こした戦争の悲惨さと反省」を主張しているということです。

本書の第1章と第5章で述べましたが、「戦争を起こしたのは日本ではなく、アメリカ」なのです。さらに言えば、帝国主義国家間の戦争を煽り、共倒れを狙い、敗戦革命を遂行しようと大規模な国際的謀略戦を展開したのはコミンテルンであり、共産主義国家ソ連なのです。朝鮮戦争は、戦後のスキを狙った共産主義国家による侵略戦争でした。

そうすると、「日本が起こした戦争を反省」することは、朝鮮戦争を始め、現実に起こった戦争の抑止に、少しでも役立ったのでしょうか。

もっとひどいのは、「日本が起こした戦争の反省」を主張する人のほとんどは、なんと、朝鮮戦争を起こした「北朝鮮」のシンパだということです。さらに、北朝鮮とともに朝鮮戦争を戦い、その後もチベットを侵略し、ウイグルでは凶暴な民族弾圧を実行している、現行犯国家・中国のシンパであるということです。

なんのことはない。平和を叫び、日本の戦争悪を糾弾する人々は、「反戦を唱えて戦争を実行する」という、レーニンの戦略を真意を隠して実行している人か、あるいは、すでに知れわたっている共産主義者のこの戦略を知らずにキレイゴトに騙されている、「ナイーブな人」ということになりそうです。

最後に申し上げたいのは、「あの戦争の反省」とは、まず史実の追求、そして、なぜ勝てる戦争を勝つことができなかったのか、という反省でなくてはならないのではないか、ということです。

「間違っていました、間違っていました」というのは、反省ではなく、勝者にこびて、「もう一度負けました」と言っているのと同じだということです。

その意味では、かれこれ70回以上も負け続けてきたことになりますが、そろそろ正気を取り戻して、どうしたら勝てたのか、何が間違っていたのかという、どこの国もがやっている「当たり前の反省」をするときではないかと思います。

そのためには、「絶対に勝てっこない戦争だった」という、実は根拠のない思い込みを見直すことも、大事なポイントになると、かねてから思っていました。
「対米英蘭蔣戦争終末促進に関する腹案」を見直すと、今まで見逃してきた多くのことが見えてくると思っています。ぜひ皆様の参考にしていただければと思う次第です。

平成30年11月

茂木　弘道

参考文献

『東亜の父　石原莞爾』　高木清寿　錦文書院　昭和29年（1954年）

『戦史叢書006　中部太平洋陸軍作戦1　マリアナ玉砕まで』　防衛庁防衛研究所戦史室著　朝雲新聞社　昭和42年（1967年）

『戦史叢書013　中部太平洋陸軍作戦2　ペリリュー・アンガウル・硫黄島』　防衛庁防衛研究所戦史室著　朝雲新聞社　昭和43年（1968年）

『戦史叢書035　大本営陸軍部3　昭和17年4月まで』　防衛庁防衛研究所戦史室著　朝雲新聞社　昭和45年（1970年）

『戦史叢書076　大本営陸軍部　大東亜戦争開始経緯5』　防衛庁防衛研究所戦史室著　朝雲新聞社　昭和49年（1974年）

『大本営機密日誌』　種村佐孝　芙蓉書房　昭和54年（1979年）

『日本海軍の戦略発想』　千早正隆　プレジデント社　昭和57年（1982年）

『日本帝国海軍はなぜ敗れたか』　吉田俊雄　文藝春秋　平成7年（1995年）

『東京裁判　日本の弁明』小堀桂一郎編　講談社　平成7年（1995年）
『大東亜戦争全史』服部卓四郎　原書房　平成8年（1996年）
『戦略大東亜戦争』佐藤晃　戦誌刊行会　平成8年（1996年）
『大東亜戦争「敗因」の検証』佐藤晃　芙蓉書房出版　平成9年（1997年）
『大本営陸軍部戦争指導班　機密戦争日誌　上・下』軍事史学会編　錦正社　平成10年（1998年）
『帝国海軍「失敗」の研究』佐藤晃　芙蓉書房出版　平成12年（2000年）
『容赦なき戦争：太平洋戦争における人種差別』ジョン・ダワー　平凡社　平成13年（2001年）
『太平洋に消えた勝機』佐藤晃　光文社　平成15年（2003年）
『大東亜戦争の真実：東條英機宣誓供述書』東條由布子編　ワック　平成17年（2005年）
『技術戦としての第二次大戦』兵頭二十八・別宮暖朗　PHP研究所　平成17年（2005年）
『帝国海軍が日本を破滅させた　上・下』佐藤晃　光文社　平成18年（2006年）
『第二次世界大戦と日独伊三国同盟：海軍とコミンテルンの視点から』平間洋一　錦正社　平成19年（2007年）
『日本は勝てる戦争に何故負けたのか』新野哲也　光人社　平成19年（2007年）
『連合艦隊司令長官　山本五十六の大罪』中川八洋　弓立社　平成20年（2008年）
『太平洋戦争は勝てる戦争だった』山口九郎右衛門　草思社　平成21年（2009年）
『日米開戦　陸軍の勝算：「秋丸機関」の最終報告書』林千勝　祥伝社　平成27年（2015年）

『戦争を仕掛けた中国になぜ謝らなければならないのだ！』　茂木弘道　自由社　平成27年（2015年）
『大東亜戦争「失敗の本質」』　日下公人・上島嘉郎　PHP研究所　平成27年（2015年）
『日米戦争を起こしたのは誰か』　加瀬英明・藤井厳喜・稲村公望・茂木弘道　勉誠出版　平成28年（2016年）
『ルーズベルトは米国民を裏切り日本を戦争に引きずり込んだ』　青柳武彦　ハート出版　平成29年（2017年）
『経済学者たちの日米開戦：秋丸機関「幻の報告書」の謎を解く』　牧野邦昭　新潮社　平成30年（2018年）
『中国共産党の罠』　田中秀雄　徳間書店　平成30年（2018年）

〔翻訳本〕

『司令官たち：湾岸戦争突入にいたる〝決断〟のプロセス』　ボブ・ウッドワード／石山鈴子・染田屋茂訳　文藝春秋　平成3年（1991年）
『マオ：誰も知らなかった毛沢東　上・下』　ユン・チアン、ジョン・ハリディ／土屋京子訳　講談社　平成17年（2005年）
『「幻」の日本爆撃計画』　アラン・アームストロング／塩谷紘訳　日本経済新聞出版社　平成20年（2008年）
『「太平洋戦争」は無謀な戦争だったのか』　ジェームズ・ウッド／茂木弘道訳　ワック　平成21年（2009年）
『ヴェノナ』　ジョン・アール・ヘインズ、ハーヴェイ・クレア／中西輝政監訳　PHP研究所　平成22年（2010年）
『ルーズベルトの責任：日米戦争はなぜ始まったか　上・下』　チャールズ・A・ビーアド／開米潤監訳　藤原書店　平成24年（2012年）

『アメリカはいかにして日本を追い詰めたか』 ジェフリー・レコード／渡辺惣樹訳 草思社 平成25年（2013年）
『英国人記者が見た連合国戦勝史観の虚妄』 ヘンリー・S・ストークス／藤田裕行訳 祥伝社 平成25年（2013年）
(*Fallacies in the Allied Nations' Historical Perception as Observed by a British journalist*, Henry Scott Stokes, Hamilton Books, New York, 2017)
『ルーズベルトの開戦責任』 ハミルトン・フィッシュ／渡辺惣樹訳 草思社 平成26年（2014年）
『裏切られた自由 上・下』 ハーバート・フーバー／渡辺惣樹訳 草思社 平成29年（2017年）
『裏口からの参戦 上・下』 チャールズ・カラン・タンシル／渡辺惣樹訳 草思社 平成30年（2018年）

〔英文〕
THE LOWDOWN, January, 1939, New York, 420 Madison Avenue, New York
CHINA MIRAGE, James Bradley, Little Brown and Company, New York, 2015

◇著者◇

茂木弘道（もてき・ひろみち）

昭和16年、東京都生まれ。

東京大学経済学部卒業後、富士電機、国際羊毛事務局を経て、平成２年に世界出版を設立。

「史実を世界に発信する会」会長代行。「南京事件の真実を検証する会」監事。

著書に『小学校に英語は必要ない。』（講談社）、『文科省が英語を壊す』（中央公論新社）、『戦争を仕掛けた中国になぜ謝らなければならないのだ！』（自由社）、『「太平洋戦争」は無謀な戦争だったのか』（翻訳・ワック）、『日米戦争を起こしたのは誰か』（共著・勉誠出版）などがある。

大東亜戦争　日本は「勝利の方程式」を持っていた！

平成 30 年 11 月 30 日　　第 1 刷発行

著　者　　茂木弘道
発行者　　日高裕明
発　行　　株式会社ハート出版

〒 171-0014 東京都豊島区池袋 3-9-23
TEL03-3590-6077　FAX03-3590-6078
ハート出版ホームページ　http://www.810.co.jp

乱丁、落丁はお取り替えいたします（古書店で購入されたものは、お取り替えできません）。

ISBN978-4-8024-0071-8　　印刷・製本 中央精版印刷株式会社